한국철학

스케치

2

한국철학
스케치
2

초판 발행 2007년 2월 26일
초판 2쇄 2011년 1월 20일

지은이 | 한국철학사상연구회
기획위원 | 채희석
편집진행 | 김재실
본문 디자인 | 김경선
마케팅 | 김명희·홍성우

펴낸이 | 홍석
펴낸곳 | 도서출판 풀빛
등록 | 1979년 3월 6일 제8-24호
주소 | 120-818 서울특별시 서대문구 북아현3동 177-5
전화 | 02-363-5995(영업), 02-362-8900(편집)
팩스 | 02-393-3858
홈페이지 | www.pulbit.co.kr
전자우편 | pulbitco@hanmail.net
온라인 카페 | http://cafe.naver.com/pulbitphil

ISBN 978-89-7474-423-6 44150
ISBN 978-89-7474-421-2

책값은 뒤표지에 있습니다.

이 책의 국립중앙도서관 출판시도서목록(CIP)은 e·CIP 홈페이지(http://www.nl.go.kr/cip.php)에서
이용하실 수 있습니다.(CIP제어번호 : CIP2007000369)

무엇을 한국 철학이라고 부를 것인가? 한국 철학은 우리 민족이 오랜 역사 속에서 자신들이 몸담고 살아온 자연 조건과 사회 상황에서의 경험들을 추상화하고 체계화해 낸 것이다. 우리 선조들은 그 과정에서 독자적인 사유 체계를 만들어 내기도 하고, 외래 사상을 받아들여 자신들의 사상으로 다듬어 가기도 했다. 사실 인간은 고대부터 오늘날까지 누구나 자기가 살고 있는 삶의 세계에 나타난 여러 문제들을 고민하면서 나름대로 해답을 찾아 왔다. 하지만 이러한 과정은 개별 인간의 문제만으로 그치는 것이 아니다. 오랜 기간을 거치면서 민족의 보편적 공감대를 빚어내며, 마침내는 하나의 사유 체계를 이루게 된다. 이와 같은 과정을 거쳐 한국 민족이 만들어 낸 보편적 사유 체계가 바로 한국의 철학 사상인 셈이다.

한국철학 스케치

2

한국철학사상연구회 지음

우리 민족은 다행스럽게도 오랜 옛날부터 독자적이면서도 우수한 우리의 철학을 이루고 발전시켜 왔다. 그래서 우리 역사 속에는 위대한 사상가들의 발자취가 뚜렷이 남아 있다. 이 책에서 다루는 많은 인물들이 바로 그 길을 헤쳐 온 사람들이다. 그리고 이 책의 독자인 젊은 여러분들이 그 맥을 이어 우리 사상을 발전시켜 가야만 한다. 왜냐하면 우리에게 우리의 철학 사상은 한갓 수단이 아니라 목적이기 때문이다.

풀빛

6부
조선 후기의 실학사상

사상은 단순한 생각의 나열이 아니다. 자기가 살고 있는 사회와 인간에 대한 깊은 애정을 가지고 그 시대의 사회 현실을 정확하게 알고 그에 맞는 해결 방법을 제시할 수 있어야 한다. 현실과 동떨어진 사상은 뿌리 없는 나무와 같아서 생명력을 잃은 나무는 큰 의미가 없다. 살아있는 철학은 바로 사회를 이끌어 가는 깨어 있는 시대정신인 것이다. 실학사상은 조선 후기 사회의 문제점이 무엇인지 정확하게 이해했고 나름대로 해결책을 제시했기 때문에 그 시대를 대표하는 사상이라고 할 수 있다.

실학사상의 배경

새로운 사회를 꿈꾼 사람들

실학사상은 임진왜란 이후 싹이 터서 영·정조 임금 때 가장 활발했다. 조선 왕조 500년은 임진왜란을 기준으로 전기와 후기로 나뉜다. 앞 장에서 다루었던 성리학이 조선 전기를 대표한다면 조선 후기는 바로 실학에 주목한 시기다. 물론 성리학도 나름대로 철학적 체계를 갖추면서 조선 후기로 이어졌지만 조선 후기의 사회 변화를 제대로 읽어 내지 못한 측면이 있었고 그 자리를 실학이 대신한 것이다. 시대가 변하면서 시대 문제를 안고 고민하는 철학도 함께 변한 것이다.

성리학이 고려 말과 조선 초기에는 국가 체제를 바로 하고 사회를 이끌어 가는 이념으로 크게 도움이 되었다. 그런데 조선 후기로 갈수록 성리학자들은 자신들의 입장에 따라 분파를 이뤄 이론적 논쟁을 벌이는 데 치우쳤는데, 예학 논쟁과 호락논쟁은 바로 그런 논쟁의 대표적 예다. 이러한

땅이 없는 농민
조선 시대의 많은 농민들은 자기 토지가 없어 부자들의 땅을 빌려 농사를 지었는데, 땀 흘려 일하고도 1년 먹을 식량이 모자랐다. 작자 미상, 〈경직도〉 부분, 독일 게르트루트 크라센 소장.

성리학적 논쟁이 나름대로는 사회 질서를 바로잡으려는 목표를 가지고 있었지만 백성들의 실생활에 크게 도움이 되지 않는다는 데에 문제가 있었다. 잇따른 전쟁으로 백성의 생활은 몹시 어렵고 사회는 혼란한데도 그런 논쟁 자체가 시급한 현실 문제를 해결해 주지는 않았던 것이다.

이러한 사회 분위기 속에서 등장한 것이 바로 실학사상이다. 사람은 발을 땅에 딛고 걸어 다니는 동물이다. 동물에게 먹고사는 문제보다 더 급한 일이 무엇이겠는가? 먹고사는 데 어려움이 없을 때 예의도 차릴 수 있고 자존심도 지킬 수 있다. 우리 속담에 '사흘 굶으면 남의 집 담장을 넘는다.'고 했다. 도둑질하지 말라고 가르치려면 우선 굶주리지 않도록 국가가 경제 문제 해결에 적극 나서야 하는데 성리학은 이를 등한시했다. 실학은 당시 성리학자들이 현실과 동떨어진 논쟁만 일삼고 백성들이 겪고 있는 여러 어려움에 대해서 좋은 해결 방법을 내놓지 못한 것을 비판하면서 일어난 새로운 사상이다.

그럼 실학이 발생했던 사회·경제적인 배경에 대해 알아보자. 지금이야 여러 종류의 산업이 발달했지만 조선 시대는 농경 사회였기 때문에 모든 경제생활의 기본이 토지였다. 그런데 오랜 전쟁으로 농사를 지을 수 없게 되자 자연히 토지가 황폐되고 식량 생산량도 줄어들어 백성들의 생활이 어렵게 되었다. 반면 대토지를 소유한 지주들이 등장했다. 농업 기술도 발달하고 모내기를 하게 되면서 수확량이 많아지고 한 사람이 보다 많은 토지도 경작할 수 있게 되었다. 그래서 자기 토지를 가진 농민 중에서 몇몇은 더 많은 토지를 갖게 되어 부자가 되기도 했지만 실제로 자기 토지를 경작하는 농민은 전체의 25%에 지나지 않았다. 70%가 소작농이 되어 지주들의 토지에 묶여 있었다. 농민이 자기 토지를 갖지 못하고 소수에게 토지가 몰려 있는 것은 여러모로 문제가 될 수밖에 없었다.

농민들은 땀 흘려 일하고도 제대로 대가를 받을 수 없었고 땅 주인은 놀고 앉아서 배불리 먹고도 더 큰 부자가 되었다. 또 농민은 부자에게 땅을 빌려야 농사를 지을 수 있으니 땅 주인이 시키는 대로 하는 수밖에 없었다. 땅 주인에게 세금을 바치고 나라에도 세금을 바쳐야 했으니 땀 흘려 농사를 짓고도 1년 먹을 식량이 모자랐다. 그러니 누가 열심히 농사 짓고 싶었겠는가? 자연히 죽지 못해 산다고 생각하는 사람들이 생겼다.

이런 현실에 대해서 이익은 "세력가와 부자에게 토지가 몰려 가난한 사람은 송곳 꽂을 땅도 없게 되었다. 그래서 부자는 더욱 부자가 되고 가난한 사람은 더욱 가난하게 되었다."라고 했다. 농민에게는 땅이 생명이요 삶의 터전이다. 그런데 조그마한 송곳 하나 꽂을 땅조차 없었으니 자연히 개인은 살고 싶은 의욕이 없고, 국가는 거둬들일 세금이 줄어들었으며, 사회는 혼란스럽게 된 것이다.

조선 후기에는 1633년에 상평통보가 만들어져 사용될 만큼 화폐 경제도 발전했고 상업도 크게 성장했다. 그러나 돈을 많이 가진 양반·지주·관료·상인들은 가난한 농민들에게 돈을 빌려 주고 비싼 이자를 앉아서 챙긴 뒤 돈을 벌고 그 돈으로 또 다른 땅을 사 모았다. 그래서 더욱 많은 토지를 갖게 되었다.

이러한 사회·경제적 변화 속에서 등장한 실학은 유교적 경세론을 바탕으로 부국강병과 국민의 화합을 추구한 점진적 개혁사상으로 당시 조선 사회의 현실적 문제들에 대해 해결책을 찾으려고 노력했다. 특히 실학 사상가들은 사회적 특권을 가진 양반 계급이었음에도 불구하고 양반의 특권 의식에 사로잡히지 않고 신분제 사회가 갖는 불평등을 분명하게 읽어냈다는 점에서 중요한 의미를 가진다.

실학사상의 내용

　무엇이 문제인지 알았으면 그 다음에는 어떻게 해야 할까? 문제를 해결하기 위한 방법을 연구하고 찾아야 할 것이다. 실학자들은 당시 사회 문제를 해결하기 위해 어떤 것들에 관심을 갖고 연구했는지 알아보자.

　박지원은 "이용利用이 있은 다음에 후생厚生할 수 있고 경제생활을 풍부하게 한 다음에야 도덕을 바로잡을 수 있다"라고 했다. 이 말에서도 알 수 있듯이 실학자들은 학문하는 방법과 대상 및 내용에서 성리학자들과는 뚜렷한 차이를 보였다.

　성리학은 주로 윤리 도덕 문제에 관심이 많았다. 조선 후기의 대표적인 논쟁인 호락논쟁에서 주요한 문제는 바로 인물성 동이였다. 성리학자들은 물질적인 생활보다 인간의 마음과 정신을 더 중요시했다. 그래서 인간이 착한가 나쁜가, 인간과 동물의 마음이 같은가 다른가, 마음을 닦기 위해서는 어떻게 해야 하는가 등의 문제를 풀기 위해 고민했다.

　그러나 실학자들은 성리학자들과 달리 현실적 입장에서 이익을 가져올 수 있는 분야에 관심을 가졌다. 생활에 유익한 것에는 여러 가지가 있고 이에 따라 실학자들이 연구한 분야 또한 다양하고 광범위했다. 그래서 실학자들의 연구 성격을 백과사전적 연구라고 부르기도 한다.

　먼저 실학자들은 유교 경전을 새롭게 이해했다. 그리고 조선의 역사·지리·문화·군사·언어·풍속은 물론 조선의 정치·경제·군사·민생 문제 등에서 고쳐야 할 점 등을 연구하고, 청나라를 통해 들어온 유럽의 과학 기술 및 천주교에 대해 연구하고 소개했다. 실학파의 이러한 연구의 주된 목적은 나라를 보다 잘살고 부강하게 하는 방법의 습득이었다.

　그러나 실학사상이 단순히 잘 먹고 잘 입는 것만을 중요하게 생각한 것은 아니었다. 실학자 홍대용^{洪大容}은 학문을 세 가지로 나누었다.

첫째는 의리의 학문이다. 돈이 많아서 좋은 음식을 먹고 좋은 옷을 입는 것만이 최고는 아니다. 만약 가난한 사람들을 속이거나 도둑질을 해서 잘 산다면 그것은 좋은 것이라고 할 수 없다. 옳은가 그른가는 돈이 많은가 적은가를 기준으로 판단하는 것이 아니라 그 이상의 정당한 판단의 근거를 필요로 한다. 그 근거가 되는 것이 바로 의리요 도덕이다. 그러므로 의리와 도덕을 강조하는 학문은 사회 전체를 이끄는 정신을 강조한 것이라고 할 수 있다.

둘째는 경제의 학문이다. 사람이 살아가는 데 먹고 입고 자는 문제는 가장 기본이 된다. 이 세 가지가 바로 경제 문제를 의미하며, 경제 문제를 무시하고서는 그 다음 단계로 나아갈 수 없다. 학문은 이러한 경제 문제를 고민해야 한다는 것이다.

셋째는 사장(詞章, 시가와 문장)의 학문이다. 사장의 학문은 글을 읽고 짓는 선비들의 학문이다. 글은 어떤 생각을 다른 사람에게 전달할 수 있게 해 준다. 만약 생각이 없다면 글은 쓸모가 없다. 그러나 글이 양반들만의 흥미거리나 자기 자랑에 그친다면 아무런 쓸모도 없을 것이다.

이 세 가지 학문 중에서 가장 중요한 것이 무엇이라고 생각하는가? 홍대용은 의리의 학문이 학문의 근본이라고 했다. 하지만 세 가지는 모두 중요해서 어느 것 하나 소홀히 할 수 없다고 했다. 발이 하나 없는 삼발이가 제 구실을 할 수 없는 것처럼 학문도 마찬가지다. 이렇게 볼 때 실학은 의리와 도덕을 무시하지 않으면서도 현실적으로 물질적 번영과 사회적 안정을 가져옴으로써 바람직한 삶을 이룩하고자 한 사상이라고 하겠다.

사회 개혁을 주장한
실학자들의 삶과 사상

실학의 첫걸음을 내딛은 유형원

토지 제도, 이대로는 안 된다!

실학자의 첫 인물로 유형원을 들 수 있다. 유형원은 성리학에서부터 정치·경제·역사·지리·군사·문학에 이르기까지 다양한 분야를 공부했다. 그가 지은 책들은 20여 종류가 있었지만 아쉽게도 책 제목만 전해지고 지금은《반계수록磻溪隨錄》만 남아 있다.《반계수록》을 통해서 유형원의 생각을 알아보자.

《반계수록》의 첫 장은 전제田制로 시작하는데 이는 유형원이 토지 제도를 얼마나 중요하고 심각하게 생각했는지를 알 수 있게 한다. 조선 시대 경제생활의 기본은 농업이고 백성의 대부분은 농민이었다. 농사를 짓기 위해서는 먼저 씨를 뿌릴 수 있는 땅이 있어야 한다. 앞에서 살펴본 바와 같이 조선 후기의 가장 큰 문제는 소수의 사람이 많은 토지를 갖고 있으면

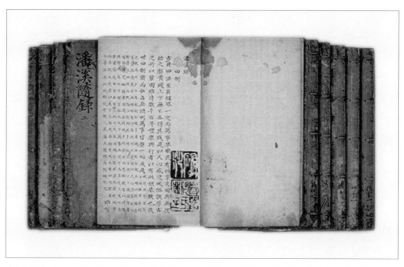

《반계수록》 유형원은 이 책에서 조선 시대 토지 제도의 문제점을 지적하고 그에 대한 해결책을 제시했다. 서울역사박물관 소장.

서 많은 사람들에게 토지를 빌려 주고 그 대가로 가을에 생산된 곡식을 가져가는 것이었다. 그래서 부자는 더욱 부자가 되고 땅이 없는 사람은 피땀 흘려 농사를 짓고도 굶주려야 했다.

이러한 문제를 해결하는 가장 좋은 방법은 무엇일까? 바로 직접 농사짓는 농민에게 땅을 돌려주는 것이다. 자기 땅에 열심히 농사지어 나라에 세금 바치고 다음해 가을까지 풍족하게 먹고살 수 있게 해야 하는 것이다. 농업이 중심이 되는 사회에서 가장 시급한 것은 토지 제도의 잘못된 점을 고치는 것이다.

그래서 유형원은 '토지는 천하에 가장 근본이 되는 중요한 것'이라는 생각을 가지고 현실의 잘못된 점을 고쳐 보려고 했다. '농자천하지대본農者天下之大本'이란 말은 바로 농업의 중요성을 말한 것이다. 유형원은 당시 토지 제도의 문제점을 다음과 같이 지적했다.

부자의 땅은 끝없어 경계가 서로 잇닿을 지경이고, 가난한 사람은 송곳 하나 꽂을 만한 땅도 없게 되었다. 그래서 부자는 더욱 부자가 되고 가난한 사람은 더욱 가난하게 되어 마침내 부자는 천하의 토지를 모두 갖게 되고 백성들은 굶주린 식구를 이끌고 떠돌아다니다가 부잣집 머슴살이로 들어간다.

그 당시 백성은 대부분 농민이었고 이들은 농사를 지어 국가에 세금을 바쳤다. 뿐만 아니라 길을 넓힌다든가 관청을 지을 때 국가에 노동력을 제공했다. 즉, 농민은 국가의 안정과 발전에서 기본이었다. 그런데 이런 농민들은 일 년 내내 농사를 지어도 먹고살 수 없고, 자기 땅도 없으니 자연히 남의 땅을 빌리거나 부잣집 머슴을 살았고 그것마저 힘들면 떠돌이 신세가 되었다. 그러니 국가 수입이 줄고 국가에서 필요로 하는 노동력도 줄어들어 나라 살림이 갈수록 어렵게 될 수밖에 없었다.

조선 시대에 토지는 원칙적으로 국가가 소유했다. 국가는 공무원이나 군인들에게 토지를 나누어 주어 나랏일을 보는 사람들이 먹고살 수 있게 했다. 지금으로 말하자면 봉급과 같은 것이었다. 공무원을 그만두면 국가에서는 봉급을 주지 않는다. 마찬가지로 공무원이나 군인이 죽거나 그만두면 국가에서 토지를 다른 사람에게 주는 것이 원칙이었다.

그러나 이 원칙은 제대로 실현되지 못했고 시간이 갈수록 세력 있는 양반이 소유하거나 대대로 자손에게 물려주는 일이 많아졌다. 땅은 한정되어 있으니 많은 토지를 소유한 양반이 많아지면 자연히 땅 없는 백성이 늘어날 수밖에 없다. 그리고 임진왜란 이후에는 이런 일이 날로 심해졌다.

그러면 이제 유형원이 말한 토지 제도의 개선책을 자세히 살펴보자. 유형원은 우선 토지는 원래대로 나라가 소유해야만 토지 문제를 근본적으로 해결할 수 있다고 파악했다. 그러면 한 사람이 너무 많은 땅을 갖거나 많

엄격한 신분 사회
조선 시대는 태어날 때부터 양
반과 상민이 정해지는 신분 사
회였다. 유형원은 놀고먹는 양
반의 토지를 제한하고 농민들
에게 생계를 위한 최소한의 토
지를 주어야 한다고 주장했다.
작자 미상, 〈경직도〉 부분, 독일
게르트루트 크라센 소장.

은 백성들이 농사지을 땅이 없어 머슴이 되거나 떠돌아다니는 문제를 보다 쉽게 해결할 수 있기 때문이다. 나라의 근본은 양반이 아니라 농민이기 때문에 국가는 농민을 중심으로 하는 정책을 펼치는 것이 당연하다고 보았다.

이것은 생각의 전환이라고 할 수 있다. 조선 시대는 태어나면서부터 귀하고 천한 것이 정해지는 신분 사회였다. 즉, 양반이 가장 귀하고 그 다음이 농민과 상인이며, 소나 돼지를 잡는 백정이나 노비가 가장 천한 사람으로 대접받았다. 이러한 신분 사회에서 양반들이 가장 좋은 위치에 있었고 또 사회를 이끌어 나갔다. 국가의 정책 또한 양반에게 가장 유리하게 정해졌다. 그런데 정작 나라에 세금을 내고 공무원을 먹여 살리는 사람은 양반이 아니라 국민 대다수를 차지하는 농민이었다. 현대 사회에서야 일반 국민을 위하는 것이 당연하게 생각되지만 그 당시에는 양반을 중요시하는 것이 당연했다. 그런데 유형원은 이런 생각의 틀을 깨고 농민의 어려움을 파악해 농민을 위한 정책을 내놓았던 것이다.

이러한 현실을 파악한 유형원은 첫째, 농민은 나라의 근본이요, 농업은 모든 국가 경제의 기본이기 때문에 농민에게 최소한 먹고살 수 있는 토지를 줄 것을 주장했다. 농민 누구나 열심히 농사지어 국가에 세금을 내고 1년 동안 식구들이 먹고살 수 있을 만큼 땅을 갖게 된다면, 나라는 안정된 수입을 얻게 되고 농민은 남의 땅을 빌리거나 부잣집 머슴살이를 할 필요가 없게 된다고 보았다. 지금으로 말하자면 최저생계비 정도를 보장하여 인간으로 살기 위한 최소한의 경제적 기반을 마련해 주어야 한다는 것이다.

둘째, 그렇다고 신분 사회에서 양반들의 많은 토지를 모두 국가에 내놓으라고 할 수는 없었다. 또 농민들과 똑같이 나누어 주는 것도 곤란했다. 그래서 벼슬에 따라 양반이 농민보다 2배에서 12배까지의 땅을 소유할 것을 주장했다.

셋째, 양반은 책을 읽고 공부를 해서 나라를 다스리는 관리가 되는 것을 목표로 하기 때문에 직접 농사를 짓거나 일을 하지는 않았다. 그런데 벼슬을 하는 양반들은 농민들보다 많은 토지를 소유하지만 직접 농사를 지을 수는 없으니 어떻게 하면 좋을까? 유형원은 관리들이 농민에게 땅을 주어 소작료를 받지 말고 대신 양반집에 딸려 있는 사람들이 직접 농사를 짓게 하자고 주장했다. 그렇게 하면 사람이 많지 않으니 아무리 많은 땅이 있어도 농사를 지을 수가 없을 것이다. 이러한 생각에는 양반이 너무 많은 토지를 갖지 않게 유도하자는 깊은 뜻이 있었다.

이와 같은 유형원의 주장은 당시 사회에서는 매우 파격적인 것이었다. 양반은 사회·경제적으로 늘 특별한 대접을 받고 일하지 않고서도 잘 먹고 사는 것이 당연하다고 생각했기 때문이다. 그런데 유형원은 나라의 기본은 농민이기 때문에 나라는 농민을 최우선으로 생각해야 하고, 양반이라고 해서 일하지 않는 것은 옳지 못하다고 한 것이다. 한마디로 신분 사회에서 양반의 특별 대우를 없애자고 한 것이다.

유형원이 제안한 새로운 토지 제도에 대해 양반들은 당연히 거부 반응을 보였고 유형원도 부자와 양반들의 반대를 가장 걱정했다. 그래서 그는 이러한 토지 제도의 개선은 나라를 위해 꼭 필요한 일이므로, 만약 반대하는 사람이 있으면 큰 벌을 내려야 한다고 했다. 이러한 유형원의 생각은 임진왜란 이후 사회 변화에 따른 심각한 토지 문제의 훌륭한 개선책으로서 이후 실학자들의 토지 제도 개선책의 모범이 되었다.

농민이 부자가 되는 길

나라에서 농민에게 일정한 땅을 준다는 것은 백성들이 먹고살 수 있도록 도와주는 길인 한편 백성도 나라에 대한 부담과 의무를 충실히 이행해 줄 것을 요구하는 것이었다. 양반은 사회를 이끌어 가는 지배층이기 때문에 특별 대우를 받아서 세금도 안 내고 나라를 지키는 병역의 의무도 지지 않았다. 반면 농민은 세금도 내고 나라도 지키기 때문에 농민이 많으면 많을수록 나라는 부자가 되고 국방도 튼튼해진다. 농민이 나라 살림의 중심이었던 것이다.

농민이 내는 세금과 병역을 관리하는 것이 관청이었다. 그런데 관리들은 자신들의 권력을 남용해 지나치게 많은 세금을 거두어 자기 것으로 하거나, 뇌물을 받는 경우가 많았다. 또 봄·여름 식량이 가장 모자란 시기에 관청에서 가난한 사람들에게 곡식을 빌려 주었다가 가을에 약간의 이자를 붙여 받는 제도가 있었다. 그런데 도리어 관청에서 높은 이자를 붙여 불필요한 사람에게 억지로 빌려 주거나 제때에 갚지 못하면 친척에게 대신 받기도 했다. 백성들을 위해서 일해야 할 관청과 벼슬아치들이 도리어 권력을 악용해 백성들의 피땀을 옳지 못한 방법으로 빼앗았던 것이다.

이러한 현실을 보며 유형원은 권력에 약한 농민들이 피해가 없도록 다음과 같이 주장했다. 첫째, 관리들이 마음대로 할 수 없도록 세금을 거두어들이는 법을 바꾼다. 둘째, 임금이나 높은 벼슬아치들에게 지방 특산물을 바치는 진상進上처럼 문제가 많은 세금 제도는 모두 없앤다. 셋째, 군역 제도를 개선한다. 사회가 혼란하다 보니 군사들의 관리가 엉망이어서 장수들은 자기 잘 먹고살 궁리나 뇌물을 바칠 궁리만을 했다. 반면에 일반 농민들은 16세 이상 60세 이하의 남자면 군대에 가야 했고 군대에 갈 수 없을 때는 나라에 옷감을 바치는 것으로 군역을 대신했다. 그런데 임진왜란 이후 사람이 줄어들자 이제는 군대에 가는 사람에게도 옷감을 받았다. 그래서 일반 군인들은 군사 훈련을 하는 것은 생각할 틈도 없이 나라에 낼 옷감을 걱정하는 형편이 되었다. 이런 상황이고 보니 오랑캐 청나라를 어떻게 쳐부술 수 있었겠으며 성리학자들의 북벌론이 어떻게 실현될 수 있었겠는가?

그래서 유형원은 국가에서 일정한 땅을 받는 모든 농민은 군대에 가야 하되, 네 명이 한 조가 되어 공동 책임을 지게 하고, 한 사람이 군대에 가면 나머지 세 사람이 그 비용을 부담하게 하자고 제안했다. 이렇게 하면 일반 군사들이 훈련에 전념하여 나라를 튼튼히 지킬 수 있고, 농사를 짓지 못하는 경우도 없게 되니 보다 잘살 수 있게 되어 일거양득이라고 했다.

넷째, 농민의 노동력 착취를 줄인다. 농민은 관청 건물을 짓는다든지 길을 넓힐 때 나라에 노동력을 제공해야 했다. 그런데 농사철에 일을 시키거나 정해진 기간보다 더 오랫동안 일을 시킨다면 농사짓기가 어렵게 된다. 원래는 일 년에 6일만 일을 시킬 수 있었으나 실제로는 아무 때나 일을 시켰다. 그래서 유형원은 1년에 3일만 일을 시키고 불필요한 일은 만들지 말아야 한다고 주장했다. 호화롭고 넓은 관청 건물을 짓기 위해 농사일에 바쁜 농민들을 불러다가 일을 시키면 안 된다는 것이다.

이렇게 유형원의 주장처럼 농민에게 일정한 땅을 주고 그에 맞는 세금을 거두어들이며, 관청이 쓸데없이 백성들을 괴롭히지 않는다면 열심히 일을 하는 농민이면 누구나 여유롭게 살 수 있을 것이다.

사람은 모두 같다

조선 시대는 신분 사회였다. 어떤 사람은 태어나면서 귀한 양반이 되는가 하면 어떤 사람은 처음부터 사람으로 대접받지도 못하는 노비가 되었다. 어머니가 노비면 그 자식들은 노비가 되었다. 나중에는 부모 가운데 어느 한쪽이 노비면 자녀는 모두 다 노비가 되었다. 그래서 노비의 수는 갈수록 늘어나, 유형원은 "노비는 갈수록 많아져 10중 8~9나 되고 농민은 갈수록 줄어 10중에 1~2가 될 뿐이다."라고 했다. 이렇게까지는 아니더라도 전체의 10%는 양반, 나머지 90%는 농민과 노비가 반반씩이었다.

양반이 소유한 노비는 땅과 마찬가지로 사고팔 수가 있었다. 그러니까 노비는 사람으로서 최소한의 권리조차 누릴 수 없었다. 유형원은 노비를 재산으로 취급하고 노비 신분이 대대로 이어지는 것을 비판했다. 유형원도 양반이었는데 노비를 사람으로 본 것 자체가 매우 훌륭한 생각이었다.

당시 사회적 관념으로 보면 노비가 낳은 자식은 무엇일까? 지금으로 보면 은행 이자 같은 것이었다. 그런데 유형원은 첫째, 부모가 노비면 자녀가 노비가 되는 것을 없애자고 했다. 즉 부모가 노비라고 하더라도 자녀는 노비가 되지 않는 것이다. 그러나 노비 제도가 있은 지 오랜 세월이 지나 단번에 고치기 어려우면, 적어도 어머니가 노비인 경우에만 노비가 되게 하자고 했다.

둘째, 원래 노비는 60세가 되면 면제되는 것이 원칙이었으므로 일정한 기간이 지나면 노비에서 벗어나게 하자는 것이다. 이것을 지금의 시각에서 보면 그래도 노비를 인정한 것이므로 잘못된 것이라고 생각할 수 있다. 그러나 신분에 따른 차별을 당연하게 여기고 노비를 물건처럼 취급했던 당시의 사정을 생각해 보면 매우 진보적인 주장이었다.

지금까지 실학의 첫번째 인물인 유형원이 당시의 문제를 어떻게 해결하고자 했는지 살펴보았다. 유형원의 이러한 주장과 생각은 많은 실학자들의 모범이 되었다.

놀고먹는 양반을 비판한 이익

나라를 망치는 당파 싸움

이익 조선 사회의 가장 큰 문제점으로 양반들의 의미 없는 당파 싸움을 지적하고, 양반이 특권 의식에서 벗어나 생업에 종사해야 한다고 주장했다.

이익은 이이와 유형원을 우리나라에서 가장 훌륭한 사람으로 꼽았는데, 왜냐하면 이 두 사람이 당시 사회에서 무엇을 고쳐야 하는지를 정확하게 알고 개선하려고 애쓴 사람이라고 생각했기 때문이다. 이들을 본받아 이익 또한 학문은 실제 사회에 도움을 줄 수 있는 것이어야 한다고 생각했다. 이익이 조선의 사회 현실을 보며 가장 크게 걱정한 부분은 갈수록 심해져 가는 당파 싸움이었다. 사실 이익의 아버지 이하진 李夏鎭도 당파 싸움 때문에 평안도 운산으로 귀양을 갔고 그곳 운산에서 이익이 태어났다.

이익이 먼저 문제 삼은 것은 붕당 정치였다. 물론 붕당 정치나 예학 논쟁이 윤리 도덕과 왕권 강화 같은 정치·사회 전반에 걸친 큰 문제들과 연관되어 있기는 했다. 그러나 그것이 자기가 옳다고 믿는 신념을 위한 순수한 논쟁이 아니라 단순히 자기 당파의 밥그릇을 지키기 위한 편 가르기에 치중한다면, 그것은 잘못이다. 당시 노론·소론·남인은 편을 갈라 서로 헐뜯고 싸우는 데만 정신이 팔려 있었다. 같은 편이 아니면 서로 친구로 삼지 않고 결혼도 하지 않았으며, 나랏일을 보는 데도 자기편만 옳다고 했다.

이익은 당시 당파 간의 싸움은 자신이 옳다고 믿는 신념을 실천하기 위한 순수한 의지를 담는 것이 아니라고 판단했다. 그는 이런 싸움의 원인이 벼슬자리는 한정되어 있는데 양반의 수는 많아져서 서로 편을 갈라 자신의 이익을 차지하려고 하기 때문이라고 했다. 양반들이 이렇게 편을 갈라 서로 나쁘다고 욕을 하고 반대편을 귀양 보내거나 죽이기를 일로 삼으니 나랏일을 제대로 볼 수가 없는 것은 당연했다.

또 양반들은 백성들에게 무엇을 해 주어야 하는지는 관심이 없었다. 편싸움에서 이겨야 살아남고 벼슬도 할 수 있게 되니 무슨 수를 써서라도 이기는 데만 집중했던 것이다. 자연히 당파 간 싸움은 백성을 피폐하게 하고 나라를 망치는 지름길이었다.

양반도 일을 해라

이익은 이렇게 될 수밖에 없는 것은, 양반이 실제 생업에는 관심이 없고 오직 벼슬에만 관심을 두기 때문이라고 생각했다. 양반들은 벼슬을 해야 나라로부터 봉급을 받을 수 있고, 그래야 먹고살 수 있기 때문에 더욱 그럴 수밖에 없었다.

이익은 원래 사람이 태어나면서부터 차별이 있는 것은 아니라고 생각했다. 그러므로 양반들은 놀고먹으며 사치스럽게 생활하는 것을 고치고 능력 있는 양반이 나서서 나랏일을 맡아야 한다고 했다. 그러나 당파에 따라 일을 맡기지 말고 능력에 따라 일을 맡겨야만 국가에도 도움이 된다고 했다. 문제는 벼슬도 하지 않으면서 놀고먹는 양반이었다. 그는 "벼슬이나 돈은 몸에 지니고 나오는 것이 아니다. 임금으로부터 농민에 이르기까지 아무것도 없기는 마찬가지다."라고 하면서 일을 하지 않는 양반은 노비보다 못하다고 못 박았다. 양반이라고 거드름을 피우며 특권 의식에 사로잡혀 있을 것이 아니라 생산업에 종사해야 한다는 것이다. 이익은 양반의 신분적 특권 의식을 거부하고 조선 후기 사회가 안고 있던 사회 구조적인 핵심 문제를 건드렸다.

중국이 세계의 중심은 아니다

이익은 우리나라 사람들이 우리의 역사를 소홀히 하는 것을 못마땅하게 생각했다. 그래서 과거 시험에 중국 역사만 포함시키지 말고 우리나라 역사도 시험 과목으로 넣어야 한다고 생각했다.

사실 중국은 많은 면에서 우리나라에 영향을 주었으며 천하의 중심으로 떠받들어져 왔다. 그러나 이익은 우리 민족을 중심으로 역사를 봐야 한다는 입장에서 "오늘날의 중국은 여러 나라 가운데 하나에 지나지 않는다." 라고 했다. 이것은 중국 문화를 믿고 따르던 성리학자들과는 달리 조선은 단순히 중국 문화의 계승자이기 이전에 동이족이고 단군의 후예로서 독자성을 갖는다는 역사의식을 보여 주는 것이다. 당시 많은 사람들이 중국 역사에 대해서는 잘 알고 있으면서도 우리나라 역사는 알려고도 하지 않고, 의심스러운 점이 있어도 밝히려고 하지 않았다. 그래서 이익은 중국을 중심으로 하지 않고, 우리나라를 중심에 두고 제대로 된 역사를 써야 한다고 생각했다.

역사는 자신의 뿌리를 찾는 것과 같아서 역사를 올바로 세우는 것은 나라를 제대로 세우기 위한 기초다. 이익의 우리 역사에 대한 관심은 이후 우리나라 역사에 대한 반성을 불러일으켜 우리 역사에 대한 활발한 연구의 계기가 되었고 그 제자들로 이어졌다.

밀려오는 새로운 서양 소식들

앞에서 실학자들이 천주교나 서양 과학에 대해서도 공부했다고 말한 바 있다. 여기서 빼놓을 수 없는 사람이 바로 이익이다. 당시에는 중국에 다녀오는 사신들이 서양에 대한 소식을 많이 가지고 들어왔다. 중국에는 서양 선교사들이 많이 들어와 있었고 이들은 서양 문물과 천주교에 관한 것

〈동사강목〉 안정복이 중국 중심의 역사 기술에서 벗어나 고조선부터 고려까지의 우리나라 역사를 새롭게 쓴 역사책.

을 중국에 소개했다. 그리고 이에 관한 한문 책을 많이 출판했다. 중국에 다녀오는 사신들 가운데는 선교사들과 직접 만난 사람도 있었고, 그들이 만든 책과 서양 물건을 가져오는 사람도 있었다.

사람들은 이것들에 많은 관심을 가졌다. 서양에 관한 것 가운데 가장 큰 관심을 끌었던 것은 하늘에 있는 행성이나 위성을 관찰하는 것, 또 해와 달의 움직임과 달력을 만드는 일 등이었다. 이익도 지구와 태양의 크기와 그 거리, 월식, 밀물과 썰물에 관한 책들을 읽고 서양 과학이 매우 발달했음에 감탄했다. 하늘을 관찰할 수 있는 시원경을 얻어서 스스로 관찰해 보고 싶어 했다. 또 서양 달력이 잘 맞기 때문에 반드시 따라야 한다고 했다. 이익은 "지금 시행하는 시헌력은 서양 사람 탕약망(서양 선교사 아담 샬을 말함) 이 만든 것으로 역도曆道가 극치에 이르러 일식과 월식에 착오가 없으니 성인이 다시 나와도 반드시 이를 따를 것이다"라며 극찬했다. 지리에 대 해서도 여러 책을 읽고, 지금까지 알고 있던 것보다 지구가 훨씬 넓고 서양에도 여러 나라가 있음을 알았다.

앞에서 말한 중국이 세계의 중심이 아니라는 생각도 서양에서 수입된 책들의 영향을 받았을 것이다. 이익은 '중국은 대지 가운데 한조각 땅덩어리에 불과하다.'고 보았다. 이것은 중국을 지구의 중심이라고 보는 중화주의는 지리적으로 성립할 수 없음을 밝힌 것이다.

이렇게 이익은 서양의 과학에 대해서는 긍정적으로 받아들이는 편이었다. 그런데 천주교에 대해서는 어떻게 생각했을까? 그는 천주교는 허황되고 거짓이 많다고 생각하여 별로 관심이 없었다. 이익은 "만일 천주의 사상이 진짜라면 어찌하여 온 세상이 모두 그렇게 안 되며, 또한 천주가 하는 여러 가지 기적은 어째서 유럽에만 나타나는가?"라고 물었다.

이익의 제자들

이익은 많은 제자들을 길러 냈다.

첫째, 안정복을 들 수 있다. 이익은 중국을 중심으로 역사를 보는 시각과 우리나라 역사보다 중국 역사에 더 많은 관심을 갖는 태도에 반대했다. 안정복은 스승의 이러한 생각을 이어받아서 역사 연구에 힘을 쏟았고 《동사강목東史綱目》이란 역사책을 썼다. 《동사강목》은 고조선 시대부터 고려 시대까지 우리나라 역사를 새롭게 엮은 책이다.

둘째, 이익은 서양 과학에 대해서는 찬성했지만 천주교에 대해서는 반대했다고 말한 것을 기억할 것이다. 이익의 제자들 중에는 서양 과학뿐만 아니라 천주교를 받아들이는 쪽과 천주교에 대해서는 반대하는 쪽으로 갈라졌다. 천주교를 믿는 쪽은 권철신權哲信, 이가환李家煥, 이벽李檗 등이고, 신후담愼後聃, 안정복 등은 반대했다. 이렇게 제자들이 서양 문화에 대해 서로 다른 생각을 가졌다. 이것은 바로 실학사상이 모든 사상에 대해 문을 활짝 열어 놓고 있었다는 것을 보여 준다.

셋째, 지리에 대한 연구가 뛰어났던 제자로는 윤동규尹東奎, 이중환李重煥 등이 있었다. 이외에도 많은 제자들이 여러 분야를 폭넓게 공부했다.

실학사상을 집대성한 정약용

일표이서에 담긴 정약용의 비판 의식

정약용은 유형원, 이익의 생각을 이어받는 동시에 박제가朴齊家, 박지원 등 북학파들과 사귀면서 실학사상을 체계적으로 완성한 사람이다. 그는 유학을 근본으로 하지만 청나라의 실학사상과 서양의 천주교 및 과학사상 의 영향을 받았다. 유학에 대해서도 주자학의 문제점을 지적했으며 양명 학의 장점을 수용하기도 했다. 정약용은 유학의 근본정신이 '올바름을 사 회 현실에서 실천하는 것'이라고 생각했기 때문에 실천을 강조한 양명학 에 대해서도 긍정적으로 보았다. 또 천주교의 영향으로 인간이 착하면 상 을 내리고 나쁜 짓을 하면 벌을 내리는 하늘을 생각했다.

정약용은 "참된 유학이란 본래 백성들을 편안히 하고, 오랑캐를 물리쳐 나라를 지키며, 넉넉한 경제생활을 할 수 있도록 하자는 것이다. 그러나 오늘날 유학자들은 그런 것들은 별로 필요가 없다고 생각한다."고 비판하 며 백성들을 위한 학문을 하기로 마음먹었다. 그래서 과학과 기술을 개발 하고 나라를 부강하게 하는 길을 열심히 연구했다.

일표이서一表二書란 정약용의 대표적 저서인 《경세유표經世遺表》·《목민심 서牧民心書》·《흠흠신서欽欽新書》를 함께 일컫는 것으로 책 제목의 끝 글자를 따서 부른 것이다. 이 책들은 모두 조선 정치의 잘못을 지적하고 어떻게

정약용 국가 경영에서부터 과학 기술의 발전에 이르기까지 수많은 저서를 남기고 실학의 집대성자로 평가되는 정약용은 나라를 부강하게 해서 백성을 편안하게 하는 것이 유학의 뜻이라고 보았다.

고쳐야 하는지를 밝히고 있다.《경세유표》는 조정에서 고쳐야 할 것을,《목민심서》는 지방 관리의 자세와 실천 문제를 다루고 있고,《흠흠신서》는 죄수들을 다루는 일에 대한 글이다.

《경세유표》의 본래 이름은 방례초본邦禮草本이었다. 방례초본이란 이름 속에는 중국 고대 주나라의 예의 제도를 조선의 현실에 창조적으로 적용해 보겠다는 뜻이 담겨 있다. 그러니까《경세유표》는 부유하고 강한 나라가 되기 위해 필요한 중앙 정부의 개혁안을 담고 있다. 구체적인 내용으로는 첫째, 왕실의 재정을 정비해서 낭비가 없도록 해야 한다고 주장한다. 둘째, 국가의 재정을 제대로 관리하기 위해서 새로운 부서를 만들고 토지와 세금 거두어들이는 일을 제대로 해야 한다고 했다. 그래야만 백성들의 피땀인 세금을 보다 효과적으로 쓸 수 있기 때문이다. 셋째, 지방의 행정에 대해 감독을 강화해 지방 관리들을 제대로 관리해야만 백성들의 피해를 줄일 수 있다고 했다. 넷째, 훌륭한 인재를 선발하기 위해서는 과거 제도를 개선해야 하며, 부강한 나라를 만들기 위해서는 상공업을 발전시켜야 한다고 보았다.

중앙 정부가 개혁을 제대로 한다면 정부의 개혁에 손을 맞잡고 함께 노력해야 할 곳이 바로 지방 관청이다. 정약용은 귀양 가 살던 강진에서 지방 관리들의 잘못을 보면서 나랏일을 매우 걱정했다. 특히 자신이 귀양 와 있기 때문에 백성들을 위해 일할 수 없음을 매우 안타깝게 여겼다. 그래서 책 제목도 '목민심서'라고 했다. 즉 백성을 기르는 목민을 할 수는 없지만 지방 관리가 어떤 마음으로 지방 행정을 실행해야 하는지, 행정 실무는 어

떻게 처리해야 하는지 등을 책으로나마 쓴 것이다. 그래서 《목민심서》에
는 바로 지방 행정의 잘못을 없애는 방법이 자세히 기록되어 있으며, 무엇
보다도 백성을 다스리는 수령의 능력과 양심이 강조되어 있다.

조선 사회에서 지방 관리는 행정 업무뿐만 아니라 세금 징수, 법 집행,
치안 유지 등을 담당하는 중요한 자리였다. 그런데 서울 조정에서 보낸 관
리들은 그 지방 사정에 어두웠다. 대부분
지방 살림은 그 지방에서 대대로 살고 있는
하급 관리들이 맡게 되었다. 그들은 각 집
안의 사정까지 속속들이 알고 있었기 때문
에 굶주린 호랑이보다도 더 사납게 농민들
못살게 굴고 재산을 빼앗았다. 농민들은 나
라에 뜯기고 지방 관리들에게 뜯기는 신세
가 되었다. 벼슬을 돈으로 사거나 재물에
눈이 어두운 사람이 수령으로 내려가면, 지
방에 있던 하급 관리들과 손을 잡고 백성들
을 괴롭히는 경우도 많았다. 또 지방 하급
관리 가운데는 서울 조정의 힘 있는 벼슬아
치에게 뇌물을 주고 자기 맘대로 할 수 있
는 꼭두각시 수령을 내려 보내도록 하는 경
우도 있었다. 지방 하급 관리는 벼슬은 낮
지만 백성의 피를 빨아 많은 재산을 모을
수 있는 요직이었다. 벼슬아치가 할 일은
백성들이 편하게 잘살 수 있도록 어진 행정
을 펴는 것인데도, 서로 짜고 백성들의 생

지방으로 파견된 조선 시대의 목민관 조선 시대의 지방
관리는 그 지방 사정에 어두운 서울 조정에서 보냈기 때
문에 부정과 부패의 온상이 되었는데, 정약용은 《목민심
서》에서 지방 관리들이 갖춰야 할 자세와 방안을 제시했
다. 김홍도, 〈마상청앵도〉, 국립중앙박물관 소장.

백성들을 괴롭히는 관리 지방의 토착 하급 관리들은 서울에서 파견된 수령과 손잡고 그 지방 농민들을 못 살게 괴롭히는 경우가 많았다. 정약용은 이런 피해를 줄이기 위해 수령이 청렴하고 위엄 있게 처신해야 한다고 주장했다.

명과 재산을 약탈했으니 한심한 행태가 아닐 수 없었다.

정약용은 이런 피해를 줄이기 위해서는 무엇보다 먼저 수령이 백성들을 사랑하는 마음이 있어야 한다고 강조했다. 수령이 뇌물을 받거나 옳지 않은 방법으로 돈을 모아서도 안 된다고 했다. 그리고 수령이 정말 능력이 있어야 아랫사람이 일을 잘하는지, 속이는 것은 없는지, 백성들을 괴롭히지는 않는지 알 수 있으므로 그 지방의 살림을 맡아서 해낼 수 있을 만한 사람을 지방에 보내야 한다고 했다. 또 백성들을 맘대로 괴롭힐 수 없도록 법을 만들자고 했다.

《흠흠신서》는 당시 인명을 가볍게 여기는 사태를 바로잡고자 한 글이다. 아무리 죄를 지었지만 죄인의 인권과 생명도 귀하게 여겨야 하고 형벌 또한 공정하게 적용해야지 너무 가혹해서는 안 된다고 보았다. 정약용은 죄인을 다루는 일은 불쌍히 여기는 마음을 근본으로 해야 한다는 점을 강조했다.

정약용이 쓴 일표이서의 내용을 보면 그가 백성들을 얼마나 사랑하고 걱정했었는지 알 수 있을 것이다. 그의 학문의 목표는 바로 굶주리고 헐벗은 백성들을 보호하고 썩을 대로 썩은 국가 정치를 바로잡는 데 있었다.

성은 기호다

정약용은 유학의 근본정신이 무엇인지를 진지하게 고민했다. 그는 당시 사회 문제를 제대로 해결하기 위해서는 공자의 유학 정신으로 되돌아가야 한다고 보았다. 정약용은 유학의 근본정신은 현실 문제를 해결하기 위한 실천에 있다고 보았기 때문에, 인간 심성 문제에 치중하고 있던 성리학에 대해 깊이 반성할 필요가 있다고 보았다.

성리학에서는 인간을 어떻게 보고 있는가? 성리학은 인간이 본래 도덕적이고 착하다고 보았다. 물론 성리학이 백성이 굶주리고 헐벗는 문제를 소홀히 한 것은 아니지만, 사회적 문제를 근본적으로 해결하기 위해서는 도덕성을 갖춘 인간이 되는 일이 우선이라고 생각했다. 그래서 잘 먹고 잘 살기 위한 현실적 방안보다는 선한 마음을 기르는 방법에 대해 더 많이 고민했다. 법과 사회를 운영하는 근본적인 힘은 법과 제도가 아니라 사람이라는 생각이 자리하고 있었기 때문이다.

정약용은 성리학에서 믿어 의심치 않았던 여러 생각을 찬찬히 다시 생각하게 되었다. 그는 먼저 '인간은 도덕적이기만 한 것인가?' 라는 물음을 던졌다. 이에 대해 정약용은 인간 본성은 이미 하늘의 이치가 마음속에 자리 잡고 있는 것이라는 생각에 동의하지 않았다. 인간 성품이란 마음이 즐겨 좋아하는 것, 즉 기호에 불과하다고 했다. 어떤 사람은 커피를 좋아하고 어떤 사람은 키 작고 뚱뚱한 사람을 좋아하는 것처럼 말이다. 무엇을 좋아하느냐는 결국 선택의 문제일 뿐이다. 그래서 정약용은 기호를 버리고 인간의 성품을 말하는 것은 의미가 없다고 보았다. 그러니까 '성은 기호다.'라는 주장은 '성은 곧 인간 마음속에 있는 천리다.'라는 성리학의 근본 전제를 거부한 것이다. 당시 조선 사회가 성리학을 정치 이념으로 해 성리학적 사회를 만들려고 했던 점을 생각한다면, 정약용이 성리학에 대해서 품은 의심은 엄청난 주장이 아닐 수 없다. 정약용은 인의仁義 등의 성이 본래부터 갖추어져 있는 리라고 생각하는 것은 잘못이라고 보았다. 인은 사람이 서로 관계맺음 하는 그 생생한 삶 속에서 이루어지는 것이지 마음속에 있지 않다고 했다. 그렇다면 주자학자처럼 자기 마음속 리를 열심히 살필 것이 아니라 현실 생활 속에서 인을 실천하기 위해 더 노력해야만 인의라는 결과를 얻을 수 있는 것이다.

정약용은 인간에게는 두 가지 기호가 있다고 했다. 하나는 마음에 관계된 것으로 착한 것을 즐거워하고 악한 것을 미워하며, 착한 일을 하기를 좋아하고 나쁜 일을 한 것을 부끄러워하는 마음이다. 이것을 인간만이 가지는 도심이라고 했다. 다른 하나는 몸에 관계된 것이다. 우리가 몸을 가지고 있기 때문에 아름다운 빛깔을 좋아하고 맛있는 음식을 즐겨 하며, 따뜻하게 입고 배부르게 먹는 것을 좋아한다. 이것을 인심이라고 하며 인심은 사람과 동물이 모두 가지고 있다.

즉, 정약용의 생각을 정리하면 인간은 도심과 인심을 모두 가지고 있고 도덕적인 마음만이 아니라 인간의 몸과 감정 또한 그만큼 중요하다는 것이다. 도덕적으로 옳은 것만이 소중한 것이 아니라 맛있는 음식을 먹고 따뜻하게 지내는 것도 인간에게는 중요한 일이라는 것을 인정한 것이다.

몸이 좋아하는 것을 긍정한다는 것은 매우 큰 의미를 갖는다. 이제는 도덕 완성에만 매달리지 않고 몸이 좋아하는 것도 중요한 것으로 인정받고 즐길 수 있게 된 것이다. 양반이라도 농사를 열심히 짓고 배불리 먹는 것을 부끄러워하지 않아도 된다. 보다 잘살기 위해 새로운 기계를 만들고 장사를 하는 것도 당연한 일이 될 수 있다. 왜냐하면 양반도 상인도 똑같은 사람이기 때문이다.

선도 악도 선택할 수 있다

그렇다고 남의 것을 빼앗아서 배불리 먹는 것이 괜찮을까? '인간은 누구나 배불리 먹는 것을 좋아한다. 나는 인간이다. 그러므로 내가 남의 것을 훔쳐서라도 잘 먹고 잘사는 것은 정당하다.' 라는 논리를 늘어놓으면서 말이다. 정약용은 인간은 스스로 선을 실현하려는 의욕으로 선을 행하고 악을 범하려는 의욕으로 악을 행한다고 하면서 인간은 자신의 의욕에 따라 행동을 결정할 수 있는 능력인 자주의 권능을 가졌다고 선언했다. 즉 인간은 선도 악도 모두 자신이 선택할 수 있는 자율적인 주체라고 했다. 그렇다면 악도 자신이 선택하면 마음대로 할 수 있으니 해도 좋다는 뜻인가?

정약용은 "인간은 도심과 인심을 다 가지고 있다. 인간에게는 착한 것과 나쁜 것을 스스로 선택할 수 있는 능력이 있다. 그래서 좋아하고 하고 싶어 하는 일이 착한 일인지 나쁜 일인지 구별할 수 있다."라고 하면서 인간이 선악을 선별할 수 있는 능력이 있다는 것은 곧 아무리 악한 짓을 일삼는 사람일지라도 선한 행위를 일깨워 줄 때 부끄러워하는 것을 보면 알 수 있다고 했다. 누구라도 도둑질을 자랑스레 드러내 놓고 하지 않는 것을 보면 누구나 선을 즐거워하고 악을 부끄러워하는 경향성을 갖고 있다는 증거가 아닐까? 정약용은 "선을 행하는 것은 자신의 공이고 악을 행하는 것은 자신의 죄다."라는 말과 함께 사람이 열심히 노력해서 물질적으로 풍요롭게 사는 것은 얼마든지 인정하지만, 도둑질 같은 악한 행동으로 자신의 배를 채우는 것은 허용하지 않았다.

사람에게 복을 주는 하늘님

앞에서 정약용이 천주교의 영향을 받았다고 했다. 천주교는 원래 불완전하고 부족한 인간이 완전한 절대자인 신을 모시는 종교다. 유학에서 이와 비슷한 것은 하늘이다. 아주 옛날에는 유학에서도 하늘을 상제上帝로 생각했다. 그러나 점점 사람들의 생각이 발달하면서 하늘에 대한 뜻이 변해 성리학에서 하늘은 도덕적인 것으로 인간에게 착함을 내려 주고, 인간은 하늘의 명령에 따라 선하게 살아야 하는 존재로 여겨졌다.

그런데 정약용은 성리학에서 말하는 하늘을 거부하고 원래 유학에서 말하는 하늘의 뜻으로 돌아가야 한다고 생각했다. 그는 상제로서의 하늘을 내세워 공경하고 경건히 섬기는 절대자로 삼았다. 이것은 하늘의 의지를 빌려 인간의 못된 점, 특히 정치하는 사람들의 가면과 고집과 욕심을 고쳐 보려고 한 것이다.

정약용은 "옛 사람들은 참된 마음으로 하늘을 섬기고 참된 마음으로 신을 섬겼다. 사람들의 행동 하나 생각 하나에도 착한 것이 있고 나쁜 것이 있다. 하늘은 나쁜 것, 거짓된 것을 날마다 감시하고 계시다."라고 했다. 이때의 하늘은 산과 물과 같은 저 푸른 하늘을 말하는 것이 아니다. 눈에 보이지 않지만 인간의 일은 물론 자연계의 조화까지 모두 아는 총명한 하늘이다.

하늘은 인간에게 '착한 일을 많이 하고 나쁜 일에서 멀어지라.'고 말한다. 하늘의 말씀이란 바로 인간에게 있는 도심이다. 도심이 경계하고 두려워하는 것은 하늘도 경계하고 두려워하는 것이다. 그러므로 인간은 하늘의 말씀에 따라 생각하고 행동해야 한다.

수원 화성과 정약용

수원 화성은 유네스코가 지정한 세계 문화유산이다. 화성이란 이름은 《장자》〈천지〉편 화인축성華人祝聖의 고사에서 유래한다. 화 지방 사람이 요임금에게 수(壽, 오래 살 것)와 부(福, 복 많이 받을 것)과 다남(多男, 자손이 번창하기)을 기원하자, 요임금이 "수는 욕됨이 많고 부는 일이 많으며 다남은 걱정이 많아서 싫다. 이 세 가지는 덕을 기르는 까닭이 아니다."라고 답했다. 정조 임금이 수원 화성이라고 이름 지은 것은 정조 자신이 요임금처럼 성인이라는 것을 사람들에게 보여 주고자 하는 것이요, 백성들 입장에서는 왕실의 장수와 부귀와 번창을 기원하는 도시라는 뜻을 담고 있

수원 화성 서양의 과학 기술과 실학사상이 결합하여 이룩해 낸 조선 최고의 계획도시.

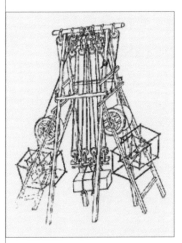

거중기 정약용이 고안한 기계로 수원 화성을 쌓는 데 이용되었다.

다. 강력한 계몽 군주가 되고자 한 정조는 상업 발달을 배경으로 상업의 요충지인 수원의 지리적 위상을 재평가하여 왕권을 지원하는 배후 도시를 마련하는 차원에서 상업이 활성화된 신도시를 인위적으로 조성하고자 했다.

도시로서의 화성은 읍성과 산성의 이원 구조를 유기적으로 통합했으며, 삼남으로 가는 교통의 요지로서 상업 도시로 번성할 수 있는 입지적 특성도 가졌다. 따라서 상업 활성화를 통한 민생 안정과 유사시의 견고한 방어를 모두 해결할 수 있었다. 그렇다면 이런 계획도시를 설계한 사람은 누구였을까? 바로 당시 홍문관 수찬이던 31세의 젊은 정약용이었다.

화성은 당대의 사회 문화적 역량이 구체적인 건축으로 드러난 것이다. 정치·행정·군사·생산·소비 기능이 결합한 계획도시를 건설하기 위해 전통적 지식과 외래 지식을 포괄하는 당대의 지적 성과와 과학 기술을 집약해서 만들었다. 즉 수원 화성은 과학 문명과 서학의 유입과 실학사상의 발전이 결합하면서 이룩해 낸 당대 최고의 계획도시였다. 정약용은 화성을 건설하면서 거중기 등을 이용하고 벽돌을 활용해 새로운 성곽 축성의 생산성과 효율성을 추구했다. 구체적으로는 재료의 표준화, 분업화된 작업 과정, 상품경제에 적합한 효율적인 자재 공급 방식, 임노동 방식 등이 성곽 축성에 적용되었다. 돌을 가까운 산에서 채취해 자른 다음 기중소가(起重小架, 일종의 기중기)를 이용해 들어 올리고 유형소거(游衡小車, 움직이는 수레)를 사용해서 운반하면 비용도 적게 들고 편리했다.

실학을 집대성한 다산학

정약용은 조선 후기 실학사상을 집대성했다고 평가받는다. 그의 학문은 멀리 공자와 맹자의 근본정신을 계승하고 정치 이념이었던 성리학이 지닌 문제점을 비판하는 과정에서 다양한 사상에 대한 열린 의식을 낳았다. 양명학을 비롯한 서양 학문은 물론 박제가·유득공柳得恭·이덕무李德懋 등과 교류하면서 북학사상을 수용했고 김정희 등과 교류하면서 청나라 고증학까지 섭렵하여 실학사상을 집대성했을 뿐만 아니라 그 나름의 학문 체계를 완성했다.

정약용은 500여 권이나 되는《여유당전서與猶堂全書》를 지었는데, 자신의 몸과 마음을 닦는 학문을 수기修己와 세상을 다스리고 이롭게 하는 치인治人으로 나누었다. 여기서 수기의 학문이란 유학의 근본정신을 연구하는 것이며, 치인의 학문이란 그것을 현실에 적용하는 것을 말한다. 유학이 수기치인을 목표로 하기 때문에 어느 유학자든지 간에 공통적인 부분이 있을 수 있다. 그러나 정약용은 성리학자와 다른 현실 인식과 서학을 비롯한 다양한 사상의 수용을 통해 성리학과 다른 사상적 특징을 가지고 있으며, 그것이 당시 여러 실학 사상가들의 생각을 잘 정리하고 모았다는 점에 주목할 필요가 있다.

정약용은 공자와 맹자의 근본정신을 되물음으로써 성리학에 대한 맹신에서 벗어날 수 있었으며, 성리학적 신념에 사로잡히지 않았기 때문에 현실에 대한 관점과 대응 방식에서도 성리학자들과 달랐다. 실학적 사유를 바탕으로 현실 문제를 해결할 수 있는 방안을 찾았고, 그러한 사상은 인간에 대한 새로운 이해와 해석을 통해 이루어졌다.

조선의 코페르니쿠스 홍대용

홍대용 정확하고 올바른 판단의 기준으로 하늘을 제시했다. 과학적인 탐구에 열중해서 우리나라 최초로 지동설을 주장했으며, 중국 중심의 세계관에서 벗어날 것을 강조했다.

체면만 중시하는 허자와 실속 있는 살림꾼 실옹

조선 땅에 앉아 청나라는 오랑캐이므로 정벌해야 한다는 주장만 거듭하고 있던 성리학자들과는 달리 홍대용은 직접 청나라에 가서 선교사도 만나고 청나라의 앞선 문명을 접해 보았다. 백문이 불여일견이라고 청나라의 앞선 문물을 직접 경험한 홍대용은 청나라에 대해 새롭게 보기 시작했다. 청나라를 오랑캐라 하여 무조건 무시할 것이 아니라 그들에게 배울 점이 있다면 배워야 한다는 것이다. 청나라를 단지 오랑캐라고 무시하고 그들을 쳐야한다는 북벌론을 주장하던 성리학자들과는 판이하게 다른 태도였다. 홍대용도 처음에는 다른 양반들처럼 성리학을 열심히 공부했다. 그러다 34세 되던 해 청나라에 다녀오면서 큰 변화를 겪게되었다. 지금까지 공부했던 성리학적 문제보다는 북학, 즉 북쪽에 있는 청과 서양의 앞선 학문을 배우는 것이 시급하다고 느낀 것이다.

홍대용이 쓴 책 중에 가장 중요한 것은 《의산문답醫山問答》이다. 이 책에서 홍대용은 성리학을 고집하는 사람을 허자라고 하고, 실학을 하는 사람을 실옹이라고 설정한다. 허자는 속이 텅 빈 껍데기로 전혀 쓸모가 없다는 뜻이고, 실옹은 형식과 체면보다는 실질과 현실을 중요시하는 꽉 찬 사람을 의미한다. 홍대용도 성리학을 공부했지만 성리학만 옳다는 생각과 성리학만을 공부하는 태도는 잘못된 것이라고 생각했다.

《의산문답》은 다음과 같은 이야기로 시작된다. 옛날에 바깥에 나가지도 않고 30년을 책만 읽은 우리나라 선비 허자라는 사람이 있었다. 그는 자신의 학문을 가지고 북경까지 가서 토론을 했지만 아무것도 얻은 것이 없었다. 하는 수 없이 빈손으로 돌아오는 길에 만주에 있는 의무려산에서 실옹이라는 사람을 만나 서로 이야기를 하게 된다. 잠깐 그 내용을 살펴보자.

실옹 : 그대가 말하는 좋은 사람이란 어떤 사람인가?

허자 : 유학에서 말하는 좋은 사람은 공자를 존경하고 주자를 배워 세상을 구하는 사람이다. 주자학은 옳은 학문이요, 그 밖의 것은 옳지 않다.

실옹 : 슬프구나! 공자가 죽으니 그 제자가 공자의 뜻을 어지럽혔고 주자가 죽으니 여러 선비들이 모두 주자의 뜻을 어지럽혔다. 그 가르침의 참된 것을 잊어버리고 공자와 주자의 말만 외울 뿐 그 뜻이 무엇인지 모르고 있다. 옳은 학문을 한다지만 그것은 잘못된 것이요, 참된 것은 날로 없어지고 있구나.

위의 내용에서 홍대용은 첫째 당시 조선 사회가 주자학만 너무 존중하여 학문의 자유가 없음과, 둘째 학문이 단지 책을 보고 혼자 즐기는 데 지나지 않아 현실에 전혀 도움이 되지 못함을 비판하고 있다. 사실 허자는 쓸데없는 윤리 도덕과 북벌론을 주장하는 성리학자들에 대한 비웃음이었다. 허자는 30년이나 공부를 했는데도 결국 얻은 것은 하나도 없었다. 현실 문제를 해결하지 못하면 죽은 학문과 마찬가지라는 것이다.

왜 죽은 학문인가? 현실과 떨어져 버린 사상은 사회를 이끌어 나가지 못하기 때문에 생명력이 없기 때문이다. 살아 있는 사상이라면 늘 현실과 함께 하고 사회와 인류의 문제에 대해 치열하게 고민하고 해결책을 찾고자 노력한다.

지구가 돈다

요즘 세상에서 지구가 돈다는 것을 모르는 사람은 거의 없다. 그러니 새삼스럽게 그것이 뭐 중요한 이야깃거리가 되겠느냐고 물을 것이다. 그러나 홍대용은 우리보다 200년 전에 살았던 사람이다. 서양에서도 코페르니쿠스가 지구가 돈다는 것을 발견한 것이 1543년이었고 갈릴레이가 "그래도 지구는 돈다."라고 한 것이 1633년인 것을 고려하면 홍대용의 이 말은 큰 의미가 있다.

홍대용은 과학에 대단히 관심이 많았고 특히 천문학에 가장 큰 관심을 기울였다. 홍대용이 청나라에 갔을 때의 일이다. 그는 중국 천문대에서 일하는 유송령(劉松齡, Augustinus Von Hallerstein)과 포우관(鮑友管, Antonius Gogeisl)이란 독일 사람을 만나 궁금한 것을 물어 보기도 하고, 천주교회에 있는 천문 시설을 살펴보기도 했다. 또 천문학에 얼마나 관심이 많았던지 목숨 걸고 중국 천문대를 구경한 적이 있다. 그 시절에는 아무나 천문대를 볼 수 없었고 더구나 함부로 찾아가면 사형에 처해졌다. 그런데 홍대용은 중국 천문대에 가서 천문대를 볼 수 있게 허락해 달라고 수위 아저씨를 무척 졸랐다. 어찌나 간절히 부탁을 했던지 수위 아저씨가 감동하여 그에게 시설을 보여 주었다. 그런 열정은 천문학의 분야에서 탁월한 연구 성과를 가져왔다.

홍대용은 "땅덩어리는 둥글게 생겼으며 하루에 한 번씩 빙빙 돌아 그침이 없다."라고 했다. 또 지구의 크기는 지름이 삼만 리고 둘레는 구만 리며, 지구는 하루에 구만 리를 움직이고 지구 표면의 속도가 천둥 번개보다 빠르다고 했다. 지구가 둥글고 빨리 도는데 지구 표면 어디에서나 사람이 넘어지거나 떨어지지 않고 서 있기 위해서는 어떤 끌어들이는 힘이 있다고 보았다. 그때까지 우리나라에서 누구도 지구의 자전과 크기에 대

홍대용이 만든 혼천의 혼천의는 고대 중국에서 천체의 운행과 위치를 관측하던 장치로 지평선을 나타내는 둥근 고리와 지평선에 직각으로 교차하는 자오선을 나타내는 둥근 고리, 하늘의 적도와 위도 따위를 나타내는 눈금이 달린 원형의 고리를 한데 짜 맞추어 만든 것이다. 혼천의를 통해 홍대용의 과학에 대한 관심과 지식을 엿볼 수 있다.

해 홍대용만큼 정확하게 말한 사람이 없었다는 점을 생각한다면 놀라운 발견이다.

그 당시 박지원이 쓴《열하일기熱河日記》란 책에 보면 홍대용의 친구였던 박지원이 청나라에 가서 그곳 사람들에게 홍대용이 말한 지구가 움직인다는 내용을 소개했더니 모두 놀라더라고 한다. 또 박지원은 홍대용의 묘 앞에 "서양 사람들이 지구가 둥글다는 것은 말한 적이 있지만 지구가 돈다는 설은 말한 적이 없었다. 그런데 홍대용은 지구가 한 번 돌아 하루가 된다고 했다."라고 썼다.

이 내용을 참조해 보면, 홍대용이 서양 과학의 내용을 듣고 지구가 돈다는 것을 안 것이 아님을 알 수 있다. 지구가 둥글다는 지식은 이미 서양에서 들어와 있었으나 우리나라에서 지구가 돈다고 이야기한 것은 홍대용이 처음이었다. 또 홍대용은 무한한 우주에서 태양과 지구는 보잘것없는 하나의 행성에 지나지 않는다고 말함으로써 지구가 우주의 중심이 아님을 밝히려 했다.

하늘의 입장에서 사물을 보다

다시 《의산문답》의 내용을 잠깐 보도록 하자.

> 허자 : 세상의 생물 가운데 오직 사람이 귀한데 그것은 동물이나 초목은 지혜도 깨달음도 없고 예의와 의리도 없기 때문이다.
>
> 실옹 : 너는 진실로 사람이구나. 네가 말한 예의나 의리는 사람의 예의에 지나지 않는다. 떼를 지어 다니면서 서로 불러 먹이는 것은 동물의 예의며, 작은 떡잎에서 시작해서 크게 되는 것은 식물의 예다. 사람을 기준으로 해서 만물을 보면 사람만 귀하고 만물은 천하다. 만물의 눈으로 본다면 만물이 귀하고 사람이 천하다. 그러나 하늘의 입장에서 보면 사람이나 만물이나 다 마찬가지다.

실옹의 말은 무엇을 기준으로 해서 보느냐에 따라 다르게 보이지만 하늘의 입장에서 보면 모두 같다는 생각을 전한다. 모든 것은 상대적인 것이다. 그런데도 사람은 공정하게 보려 하지 않고 사람을 기준으로 해서 사물을 보려고 하기 때문에 '이것은 옳다, 저것은 그르다.'는 식의 잘못된 생각을 하게 된다. 이것은 인간 중심의 사고방식을 벗어나 세상의 모든 것을 선입견이나 치우침이 없이 보다 올바르게 알고자 한 시도다.

지금까지 성리학자들은 인간은 본래 착하고 동물이나 식물은 인간만 못하다는 생각 아래 세상 모든 것을 윤리 도덕을 기준으로 판단했다. 이에 반해서 홍대용은 인간의 본성이 착하다는 생각에 반대하고 욕망도 인간 마음의 한 부분이라고 인정했다. 그래서 그는 "어찌하여 요즘 공부하는 사람들은 입만 열었다 하면 '인간은 본래 착하다.' 라고 말하는가? 인간이 본래 착하다는 것을 어떻게 아는가? 어린아이가 우물에 빠지는 것을 보고 불쌍한 마음이 생기는 것을 보면 알 수 있다고들 한다. 그러나 귀한 보물을 보고 욕심이 생기는 것도 인간의 마음이 아니겠는가?"라고 당시 성리학의 논쟁에 대해 회의했다. 인간과 사물을 좀 더 올바르게 알기 위해서는 인간만이 착하고 옳다는 생각, 사물을 윤리 도덕을 기준 삼아 바라보는 시각을 버리고 사물을 사물 그 자체로 보고 정확하게 판단해야 한다는 것이 홍대용의 생각이었다. 이때 정확하고 올바른 판단의 기준으로 제시한 것이 '하늘' 이다. 홍대용의 생각은 객관 사물을 도덕 관점에서만이 아니라 보다 과학적인 사고로 연구할 것을 강조한다.

조선이 세계의 중심이다

지구가 우주의 중심이 아니라는 것과, 모든 사물은 하늘의 입장에서 보면 모두 같다는 생각은 역사에 대해서도 새로운 생각을 갖게 했다. 홍대용은 그때까지 문화와 역사에 대한 기준이 중국이라는 생각을 부정하고 서양 사람들은 서양을, 중국 사람들은 중국을 중심으로 생각하듯 우리는 우리를 기준으로 생각해야 한다는 입장이었다. 그는 모든 사람들이 다 자기 나라 사람을 친하게 여기고 자기 나라 임금을 높이며 자기 나라를 지키고 자기 나라 풍습을 좋게 여기는 것은 당연하며 예외가 있을 수 없다고 했다. 이렇게 홍대용은 우리 자신의 주체성을 강조함으로써 지금까지의 중국 중심의 사고에서 벗어나, 우리가 세계의 중심이며 우리 역사가 중국 역사보다 중요하다는 생각의 전환을 주장했다.

이것은 청나라에 대한 태도에서도 나타났다. 홍대용은 청나라를 미워하는 것은 오랑캐이기 때문이 아니라 우리나라를 침략했기 때문이므로, 오랑캐라고 청나라의 앞선 문물을 수용하는 데 반대할 것이 아니라 그것이 우리 실생활에 도움이 되기 때문에 배워야 한다고 주장했다. 이런 태도는 성리학자들이 명나라에 대한 의리 때문에 무조건 청나라를 반대하고 오랑캐라고 우습게 여긴 태도와는 굉장히 다르다. 이제야 우리는 우리를 세계의 중심에 놓고 실리적으로 생각하는 기틀을 마련한 것이다.

사람이 사람답게 사는 평등 사회를 꿈꾸다

그렇다면 우리가 세계의 중심으로 우뚝 서려면 어떻게 해야 할까? 홍대용은 다음처럼 세 가지를 제시했다.

첫째, 양반 상놈 가릴 것 없이 모든 백성들은 일을 해야 한다고 했다. 나라가 부자가 되려면 일하는 사람이 많고 놀고먹는 사람이 적어야 한다. 조선 시대에 가장 일을 하지 않은 사람은 누구였는가? 바로 양반이었다. 그래서 홍대용은 굶주리면서도 팔짱을 끼고 앉아 '양반이 어떻게 농사를 짓겠는가?'라면서 거드름을 피우는 양반을 비판했다.

둘째, 모든 백성을 교육시키라고 했다. 그때는 양반에게만 교육받을 수 있는 기회가 주어졌고 농민은 먹고살기도 힘들었기 때문에 공부할 여유가 없었다. 홍대용은 8세 이상의 어린이는 양반 상놈 가리지 말고 국가에서 의무적으로 교육을 시키고, 똑똑하고 훌륭한 학생을 선별해 더 교육을 시킨 후 능력에 따라 나라에서 쓰자고 했다. 양반이라고 해서 특별한 대우를 받거나 천민이라고 천대를 하는 것은 옳지 않으며, 무능한 양반이라면 하인이 되더라도 원망할 필요가 없고 똑똑한 노비라면 교육을 많이 받아서 훌륭한 사람이 될 수 있다고 했다. 그렇게 한다면 마침내 신분 사회가 없어지게 될 것이다.

셋째, 국가는 백성이 무엇이든 말할 수 있도록 해야 한다고 했다. 나라와 관리가 잘못한 것이 있으면 직접 임금에게 말해 나라의 잘못된 점을 보다 빨리 고칠 수 있도록 하자고 했다. 지금으로 말하자면 국민들이 여론을 형성해 정부에 전달하기도 하고, 이런저런 선거를 통해 국민의 의견이 전달되는 것과 같다. 이는 나라가 올바른 방향으로 나갈 수 있는 하나의 방법일 것이다.

이용후생론을 펼친 박지원

백성의 더 나은 삶을 모색한 《열하일기》

뛰어난 글재주를 지녔던 실학자가 있었다. 우리에게 잘 알려진 《양반전 兩班傳》과 《허생전 許生傳》을 쓴 박지원이다. 박지원은 소설을 통해 자신의 생각을 재미나게 알렸다. 박지원은 43세가 되던 해인 1780년에 중국에 갔는데, 《열하일기》는 박지원이 중국의 열하 지방을 여행하면서 우리나라보다 편리한 여러 시설을 보고 느낀 것을 기록한 일종의 기행문이다. 열하는 중국 황제가 여름에 놀러 가던 곳으로, 박지원은 1780년 6월 24일 압록강을 건너 북경으로 갔다가 다시 열하로, 같은 해 8월 20일에 열하에서 다시 북경으로 돌아오기까지 약 2개월 동안 겪은 일을 《열하일기》에 담았다. 장마가 끝나고 물이 불어난 압록강을 조그마한 배로 아슬아슬하게 건넌 일화를 비롯해 중국의 기후와 풍속, 그리고 집·다리·배들의 뛰어남을 기록했다.

그러나 《열하일기》는 단순히 기행문이라고만 할 수는 없다. 왜냐하면 정치·경제·천문·지리 등 각 부분에 걸쳐 평소 박지원이 갖고 있던 생각을 나름대로 시원스럽고 자유롭게 썼기 때문이다. 《열하일기》는 당시 큰 관심거리가 되었는데, 썩은 선비들의 거드름에 싫증을 느낀 사람들은 대단히 좋아했고 옛것만이 옳다고 믿는 선비들은 매우 싫어했다.

《열하일기》의 인기는 대단해서 정조 임금이 읽을 정도였다고 한다. 그러나 정조는 문장이 좋지 못하다는 이유로 《열하일기》를 대단히 못마땅해했다. 그 당시 글을 아는 양반들은 대개 옛날의 훌륭한 글을 흉내 내어 글을 썼는데 박지원은 그런 형식에 얽매이지 않았다. 틀에 박힌 문장 구성에서 벗어난 박지원의 자유로운 형식의 글은 많은 사람들에게 익숙하지 않았고 읽기에 불편했던 것이다.

그렇지만 정조는 차츰 박지원의 넓은 공부와 깊은 안목을 알아보았고, 그래서 박지원에게 벼슬을 내리고 시간이 지나서는 더 높은 자리로 승격시켰다. 벌레 먹은 사과의 썩은 부분을 도려내고 나머지 부분을 맛있게 먹는 것처럼 정조는 맞지 않는 부분이 있다고 내치지 않고 그 능력을 아끼고 쓸 줄 아는 안목을 갖춘 임금이었다. 이런 임금의 도움으로 실학사상은 꽃을 피울 수 있었다.

참된 도덕은 무엇인가?

참된 도덕은 무엇인가? 만약 눈 내리는 추운 겨울날 춥고 배고픈 할아버지 한 분이 계신다고 하자. 그 할아버지를 보고 불쌍한 마음이 들어 어떻게든 도와드리고 싶은데 돈이 없을 때 어떻게 하면 좋을까? 도와주고 싶은 착한 마음만 간직한 채 그냥 지나갈 수도 있겠고 친구한테 돈을 빌려서 빵을 사 드릴 수도 있다. 그런데 이것들이 올바른 방법은 아니다. 왜 그런지 생각해 보자.

박지원
이용후생이 참된 도덕의 밑거름이라고 보고, 이를 위해 과학 기술을 배우고 외국과 활발한 무역을 하자고 주장했다.

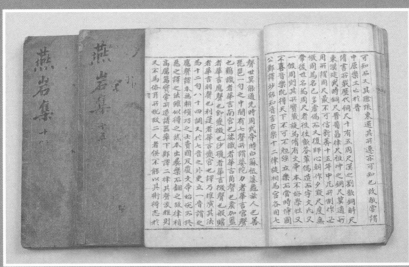

〈연암집〉
조선 정조 때 박지원이 쓴 시문집으로 《열하일기》가 수록되어 있다.

첫째, 순간적으로 불쌍하다는 생각이 들었으나 주머니에 돈이 없어 그냥 지나치면 할아버지는 여전히 춥고 배고플 것이다. 마음만으로 해결될 수 있는 것은 아무것도 없다. 보다 중요한 것은 춥고 배고픈 현실 문제를 해결할 수 있는 실천이기 때문이다. 성리학에서 말하는 "인간은 착하게 살아야 한다.", "사람은 예절을 잘 지켜야 한다."는 것이 나쁜 것은 아니지만 사람이 굶어 죽게 된 형편에 예절을 지킬 여유가 남아 있을 리 없다. 단순히 '도덕을 지켜라.'라는 외침만 가지고는 곤란하다. 박지원은 성리학자들이 삼강오륜을 떠들어 대지만, 사실은 그들이 착함과 도덕을 훔치는 도둑이라고 했다.

둘째, 착한 일을 한다고 해서 친구에게 돈을 빌려서 도와주는 것은 지나친 것이다. 누군가를 도와주려고 했을 때 내게 없으면 할 수 없는 것이다. 다른 사람에게까지 빌려서 주는 것은 지나치다. 모자라는 것도 좋지 않지만 지나친 것 또한 좋지 않다. 친절해야 하지만 지나친 친절은 옳지 않듯이, 친구에게 돈을 빌리는 것도 마찬가지다.

그러므로 생각과 행동이 모두 알맞아야 한다. 자기 힘으로 할 수 있는 한도 내에서 하는 것이 좋다. 아침마다 일찍 일어나 아버지 신발을 깨끗이 닦아 드리고 100원씩 받아 매월 3천 원을 드린다면 그것이 훨씬 좋은 방법이다. 스스로 노력해서 할아버지를 도와 드렸기 때문이다. 지킬 수 없는 도덕을 붙들고 있는 것은 '그림의 떡'을 쳐다보는 격이다. 실제로 배고플 때 먹을 수도 없는, 그림 속의 맛있는 음식이 무슨 필요가 있겠는가? 만약 춥고 배고픈 할아버지에게 털옷과 음식을 잘 그려서 갖다 드린다면 어떻게 될까?

박지원은 말로만 외치는 삼강오륜은 참된 도덕이 아니라고 생각했다. 그것은 마치 그림의 떡과 같은 것이다. 참된 도덕은 경제적인 안정이 뒷

받침되어야만 싹트기 때문에 백성들의 생활에 도움이 되는 실천이 더 급하다고 주장했다. 생활이 풍족해야 도덕도, 삼강오륜도 지킬 수 있다는 것이다.

이용후생이 참된 도덕의 밑거름이다

사람이 먹고사는 것은 매우 중요하다. 굶어서 죽어 내가 이 세상에 없다면 이 세상에 있는 모든 것이 쓸모가 없어질 것이다. 그러나 사람에게 먹는 것만이 중요한 것은 아니다. 내가 가난하고 배고프다고 해서 남의 것을 훔친다면, 그건 옳지 않다. 물질적으로 잘사는 것도 중요하지만 사람답게 사는 것도 매우 중요하다. 사람을 사람답게 하는 것 중의 하나가 도덕을 지키는 것이다. 요즘은 옛날보다 훨씬 잘살게 되었지만 어린이를 유괴하고 사람을 납치해서 돈을 요구하거나, 심지어는 부모를 낯선 곳에 버리거나 죽일 정도로 사회가 올바르지 못하고 도덕이 지켜지지 않고 있다. 이것 또한 문제다.

박지원도 삼강오륜이 나쁘다고만 한 것은 아니고, 도덕이 필요 없다고 한 것은 더더욱 아니다. 다만 도덕을 바르게 실천하기 위해서는 먼저 먹고사는 문제가 해결되어야 한다고 보았다. 성리학자들과는 정반대의 생각이었다. 성리학자들은 먹고사는 것도 중요하지만 삼강오륜과 예절을 지키는 것이 보다 근본적이며 중요하다고 생각했기 때문이다. 그래서 박지원은 사람들이 보다 더 풍족하게 사는 방법에 대해 누구보다 많은 생각을 하며 여러 가지 방안을 제시했다.

첫째, 편리한 도구를 많이 만들자고 했다. 물건을 나를 때 머리에 이고 손에 들고 다니는 것보다는 수레를 만들어 사용하면 쉽고 많이 나를 수 있다. 수레가 다니려면 길도 넓혀야 할 것이다. 또 아궁이와 굴뚝을 잘 고치면 적은 땔감으로도 따뜻한 겨울밤을 지낼 수 있게 될 것이다.

둘째, 편리한 생활 도구를 만들려면 앞선 과학 기술을 배워야 할 것이다. 청나라를 오랑캐라고 얕잡아 볼 것이 아니라 그들에게서 기술을 배워 오자는 것이다.

셋째, 농업 기술을 발전시키자고 주장했다. 농업 기술이 발전되면 적은 노력으로도 많은 수확을 할 수 있게 된다. 생산량이 늘어나면 생활이 풍족해질 것이다.

넷째, 외국과 무역을 하자고 했다. 중국에서 발달한 도구나 물건을 들여와서 쓰면 훨씬 이롭고 또 우리나라에서 많이 나는 것과 다른 나라에서 많이 나는 것을 바꾼다면 서로에게 이익이 될 것이다.

양반의 허물을 꼬집은 《양반전》

박지원은 글을 자기 생각을 표현하는 수단이라고 여기고 《양반전》·《허생전》·《호질虎叱》 등과 같은 많은 소설을 남겼다. 이 가운데 《양반전》의 줄거리를 잠깐 살펴보도록 하자.

강원도 정선에 한 선비가 살았다. 그는 몹시 가난했으나 책 읽기만 좋아했다. 그러니 먹을 식량이 없었다. 그래서 해마다 관청에서 봄에 꾸어 주고 가을에 되돌려 받는 쌀을 먹고살 수밖에 없었는데, 몇 해가 지나자 빚이 어마어마하게 늘어났다. 그 지방 수령은 그 선비가 불쌍해 쌀을 갚으라고 하지 못했는데, 감사가 와서 이 사실을 알고 당장 갚으라고 했다. 갑자기 그 많은 쌀이 어디에서 나겠는가? 하는 수 없이 선비는 동네 부자에게 양반을 팔았고 관청에서 양반 판 영수증을 써 주었다.

그리고 선비는 부자에게 여름에도 버선과 도포를 꼭 입어야 한다는 식의 양반이 지켜야 할 불편 사항을 알려 주었다. 부자는 "양반은 신선 같다고 들었는데 이런 것뿐인가? 이익이 되는 것들도 가르쳐 달라."고 청했다. 그래서 양반은 마을 사람들을 마음대로 부려먹을 수 있다고 하자 부자는 매우 놀라며 "도둑놈 같은 양반 노릇 못 하겠다."면서 달아나 버렸다.

이 소설에서 우리는 많은 것을 알 수 있다.

첫째, 조선 후기에는 양반이라고 해도 가난한 사람들이 있었다는 것이다. 양반이라고 해서 모두 잘사는 것은 아니었다.

둘째, 당시 부자들이 양반을 사려고 했던 것은 이로운 점이 있었기 때문이다. 양반은 세금도 안 내고 군대에도 가지 않았다. 일반 백성들에게 큰소리를 치고 특별 대우를 받는 것은 기본이었다. 양반이라는 것만으로도 이와 같은 혜택을 받았기 때문에 돈 많은 농민은 많은 돈을 주고라도 양반을 사고 심지어는 벼슬을 사기도 했다. 그렇게 양반이 되어서는 백성들의 재산을 마음대로 빼앗고 못살게 굴었다. 양반을 사고팔게 되었다는 것은 신분 사회가 무너지기 시작했다는 것을 뜻한다.

셋째, 양반으로 태어났다고 해서 꼭 편히 놀고먹을 수야 없었다. 그렇다면 여러 실학자들의 주장대로 일을 해야 할 것이다. 농사도 짓고 장사도 하고 열심히 일을 해서 먹고살아야 할 것이다. 그런데도 많은 양반들은 그러려고 하지 않았다. 양반 체면이 손상된다고 생각했기 때문이다. 바로 그것이 문제였다. 박지원은 소설을 통해서 그런 현실을 비판했던 것이다.

북벌론 속에서 북학론을 체계화한 박제가

박제가 박지원의 제자로 홍대용, 박지원과 함께 북학파의 대표적 인물이다. 청나라의 앞선 기술을 배우고 교역을 해서 나라를 부강하게 하고 백성들을 이롭게 할 것을 주장했다.

북학이란 무엇인가?

박지원이 병으로 위독할 때 급히 달려와 "선생님, 어찌 이 제자를 버리고 가시렵니까?" 하고 슬프게 울었던 사나이가 있었으니 그가 바로 박제가였다. 박제가는 박지원의 제자로 홍대용, 박지원에 이어 북학파를 완성한 사람이다. 박제가는 네 차례에 걸쳐 중국에 다녀왔는데, 청나라에 다녀와서 쓴 책이 《북학의北學議》다. 박지원이 중국에 다녀와서 쓴 것이 《열하일기》였으니 그 스승에 그 제자라고 하겠다. 박제가도 스승 박지원을 따라 청나라의 앞선 문물을 받아들이라고 주장했다.

박제가가 북학에 대해 설명하기를, 옛날에 남쪽 지방에 살았던 진양이란 사람이 공자의 학문에 반해서 북쪽 지방으로 가서 공자에 대해 배웠다고 한다. 북학은 '북쪽에 가서 옳은 것을 배운다.'는 뜻이다. 박제가는 이 옛날 얘기를 끌어다가 자기의 뜻을 나타냈다. 말하자면 북학은 청나라 문화를 배운다는 것이다.

왜 청나라 문화를 배우는가? 청나라의 앞선 문화를 받아들여, 백성에게 유익함을 주기 위해서다. 무엇을 배우는가? 청나라의 앞선 기술과 교통 및 무역의 발달 등 나라를 부강하게 하고 실생활에 직접 도움을 줄 수 있는 것들을 배운다.

박제가는 많은 사람들이 북벌론을 주장할 때 도리어 청나라의 문화를 배우자고 했다. 많은 사람들이 옳다고 주장하는 것에 거스르는 용기 있는 신념과 행동이었다. 또 청나라를 오랑캐라고 무시하지도 않았다. 오랑캐라는 색안경을 낀 채 청나라를 보았다면 청나라의 본모습을 제대로 볼 수 없었을 것이다.

우리는 옳다, 그르다를 결정할 때 어떤 기준을 가지고 있다. 이런 기준은 사회로부터 배우기도 하고 스스로 생각해서 갖게 되기도 한다. 사상에 있어서도 이런 판단 기준이 있다. 물론 그것은 시대에 따라서, 또 사람에 따라서 다를 수 있다. 그러나 그 사회나 상황에 가장 필요하고 꼭 맞는 것은 그렇게 많지 않을 것이다. 해답편의 정답이 대개 하나이듯 말이다.

박제가를 비롯한 북학파는 도덕이나 좋은 제도의 기준은 '백성에게 유익함'이라고 생각했다. 그러므로 참으로 백성에게 이로우면 그 법이 오랑캐에서 나왔다 하더라도 취하는 것이 당연하다고 생각했다. 생각은 자유롭고 판단 기준은 분명했다.

살기 좋은 나라를 만드는 지름길 《북학의》

박제가가 쓴 대표적인 책이 북학에 대한 생각을 적은 《북학의》다. 《북학의》는 두 편으로 나눌 수 있는데, 첫째 편은 일상생활에 필요한 도구에 관한 것이다. 생활 기구를 편리하게 하는 것이 가장 급하다고 생각하고 모두 39가지에 대해 자세하게 썼다. 한 예로 집에 대해서는 다음과 같이 적고 있다.

우리나라는 큰 고을에도 반듯하고 살기 좋은 집은 하나도 없다. 깎지 않은 나무토막을 고르지 않은 땅 위에 세워 기둥을 만들었다. 또 방바닥은 기울고 아궁이가 시원치 않아 연기만 난다. 중국에서는 초가집이라도 15년 만에 한 번 이엉을 이도록 되어 있다.

집은 휴식을 제공하는 편안한 곳이므로 살기에도 편하고 깨끗해야 좋겠다. 기둥이 울퉁불퉁하면 보기 흉하고, 방바닥이 고르지 않아 누워도 편하지 않다면 좋은 집이라고 할 수 없을 것이다. 그는 흙으로만 집을 짓지 말고 벽돌을 만들어 쓰자고 하면서 벽돌을 보다 쉽게 나르려면 수레가 필요하다고도 했다. 그 밖에도 기와, 종이, 옷, 약 등에 대한 많은 이야기들이 있다.

둘째 편은 이런 생활 기구보다 더 근본적인 것으로 국가 정책이나 제도 개선에 관한 것이다. 농업 기술의 개발, 상업과 무역의 이로운 점 등에 대한 것인데 다음에 더 자세히 살펴보도록 하자.

생산하는 자가 많아야 나라가 산다

박제가는 상업과 무역이 중요하다고 생각했는데 이것이 박제가 사상의 특징이다. 교통수단을 개선해 물건을 서로 교환해서 사용하면 보다 효율적이라는 것이다. 박제가는 "영남의 어린이는 새우젓을 모르고 서울 사람들은 감과 감귤을 구별 못한다. 바닷가에서는 물고기로 기름을 만드는데 서울에서는 물고기가 너무 비싸다. 상업이 발달하면 우리의 살림은 더 풍성해질 것이다."라고 했다. 그는 물건이 서로 유통되지 않으니 값이 비쌀 뿐만 아니라 생활이 불편하다고 보았다. 그래서 한곳에 치우쳐 있는 물건을 서로 교환해야 한다고 했다.

농민은 농사를 지어야 한다. 농사를 지으려면 땅을 떠날 수는 없는 노릇이다. 그렇다고 물건에 발을 달아 저절로 이 지방에서 저 지방으로 돌아다니게 할 수도 없다. 그러면 누군가 장사를 하긴 해야 하는데 농민은 안 되고 누가 좋을까? 박제가가 생각한 것이 바로 가난하면서도 놀고먹는 양반이다. 중국 사람들은 가난하면 장사꾼이 되는데 이것은 참으로 슬기로운 일이라고 보았다. 가난하면서도 놀고먹는 양반이 장사를 한다면, 백성들은 여러 가지 물건을 싼값에 풍족하게 사용해서 좋고 양반은 가난에서 벗어날 수 있으니 좋다는 것이다.

그 당시에는 상업을 매우 하찮은 것으로 생각했다. 그것은 당시가 농경사회이기도 했지만, 상인이 눈에 보이는 재화를 생산하지 않기 때문이었다. 그런데 박제가는 선비·농민·상인·수공업자 모두는 나라 살림에 꼭 있어야 하는 사람이므로, 상인이라고 하찮게 여겨서는 안 된다고 보았다. 서로가 제 역할을 잘했을 때 살림이 풍족해지기 때문이다. 홍대용도 나라가 부자가 되려면 일하는 사람이 많고 놀고먹는 사람이 적어야 한다고 주장하지 않았던가? 유통 또한 눈에 보이는 재화를 생산하는 것은 아니지만, 생산된 재화를 필요한 곳으로 이동시키는 중요한 경제활동이다. 이렇게 박제가는 상업의 중요성을 발견했다.

살림이 풍족해지면 더 많이 먹고 더 많이 쓸 수 있게 된다. 그럼 검소하게 절약하며 살아야 한다는 도덕을 어긴 것이 아닐까? 박제가는 잘못된 근검절약에 대해 다음과 같이 지적했다.

검소하다는 것은 물건이 있어도 지나치게 쓰거나 함부로 쓰지 않는다는 의미이지 자신에게 물건이 없다고 무조건 포기하고 쓰지 않는 것을 말하는 것이 아니다.

박제가는 물건을 적당히 사용할 줄 모르면 물건을 생산할 줄 모르게 되고, 물건을 생산할 마음이 없다면 백성들은 날로 가난해진다고 생각했다. 적극적으로 물건을 만들고 부지런히 장사를 해서 보다 많은 사람들이 생활에 필요한 물건을 풍족히 사용하는 것이 바람직하다고 보았다. 우리 몸과 생활의 편리에 대해서는 크게 관심을 갖지 않았던 성리학자와는 사뭇 다른 견해였다.

앞에서 정약용은 인간의 감정과 육체가 도덕만큼 중요하다고 했는데 이는 박제가의 생각과 통하는 점이 있다. 다른 점이 있다면 박제가가 편리하고 풍족한 생활을 할 수 있는 방법을 보다 적극적으로 찾았다는 것이다.

세계를 향해 나아가자

국내 상업이 활발해졌다면 이제 세계로 뻗어 나갈 차례다. 한 나라 안에서도 지방에 따라 많이 나는 물건이 다르듯이 나라끼리도 마찬가지다. 우리나라는 인삼이 좋고 중국은 비단이 많이 생산된다. 이 두 제품을 바꾸면 어떨까? 우리나라 사람들은 추운 겨울을 따뜻하게 지낼 수 있고 중국 사람들은 좋은 인삼을 먹고 더 건강해질 것이다. 서로에게 좋은 일이다. 그래서 박제가는 외국과 무역을 하자고 주장했다.

국내에서 물건을 활발히 만들어서 서로 바꿔 쓰듯이 외국과도 그렇게 하자는 것이다. 박제가는 우리나라는 국토가 좁고 백성들이 가난하기 때문에 우선은 중국과 무역을 하고 차차 나라의 힘이 강해지고 백성들의 생활이 안정되면 중국뿐만이 아니라 다른 나라와도 무역을 하자고 했다. 그런데 무역을 위해서는 운송 수단이 필요하다. 육지에서는 수레가 필요하듯 바다를 건너려면 배가 필요하다. 또 우리나라는 삼면이 바다로 되어 있기 때문에 수레보다는 배가 훨씬 편리하다. 그런데 당장 좋은 배와 무기와 벽돌 등을 만들 우리 기술이 없으므로 중국에 있는 서양 사람들을 데려다가 배우게 하자는 것이 박제가의 생각이었다.

실사구시를 실천한 김정희

실사구시란?

추사체로 잘 알려진 김정희가 태어난 18세기 후반은 전쟁으로 인한 피해가 어느 정도 가시고 정치적으로도 안정된 시기였다. 사회가 안정된 때는 사상과 학문도 발전한다. 지금까지 우리가 살펴본 실학자들은 사회의 잘못된 점을 지적하고 정치의 개혁과 경제 발전 등에 관심을 가졌다. 그런데 전쟁이 일어난 지도 오래 되어 혼란스러웠던 것이 어느 정도 정리가 되고 정조 임금의 훌륭한 정치로 사회가 안정되었다. 다급한 불은 끈 셈이었다. 이제는 차분하게 학문하는 자세와 방법에 대한 진지한 고민을 통해 학문을 발전시킬 차례였다. 그래서 김정희는 금석학金石學과

김정희 금석학과 고증학에 관심을 갖고, 사실을 검증하고 확인하는 과학적인 학문 태도를 실천하고자 했다. 국립중앙박물관 소장.

고증학考證學 등을 수용하여, 학문이 검증할 수 있는 자료를 통해 확인되고 객관적인 자료를 통해 발전할 수 있는 토대를 마련했다.

실사구시實事求是란 말은 원래《후한서後漢書》란 책에 나오는 것인데 청나라 학자들이 빌려다가 썼다. 청나라 학자들은 무엇을 연구했는가? 청나라에서도 성리학이 공허하다고 생각했다. 송나라 때 성리학이 한당漢唐 유학의 부족한 점을 보충해 이론적으로 새롭게 체계를 세우기는 했지만, 고전의 본래 뜻에서 벗어나 잘못되었다고 생각했다. 청나라 학자들은 성리학이 현실을 바탕으로 도덕과 의리를 중요시하고 올바른 가치관을 세우려고 하지만 이론에 치우치다 보면 현실과 동떨어질 수도 있다는 점을 지적했다.

그래서 그들은 옛날 유교 경전의 글자와 문장을 제대로 이해했는지 글자가 틀린 곳은 없는지 꼼꼼하게 다시 공부했다. 이런 공부 방법을 고증학이라고 한다. 고증학자들은 고전의 본래 뜻을 파악해야 유학을 제대로 이해할 수 있다고 생각했다. 이들이 주장하는 실사구시는 사실에 비추어서 진리를 알아내려는 과학적인 학문 태도를 뜻한다. 다른 사람이 옳다고 하니까 나도 옳다고 생각하는 것이 아니라, 정말 유교 경전의 본뜻이 어디에 있는지 확인하고 검토해 보는 것이다. 선입견이나 편견에서 벗어나 좀 더 구체적이고 사실적인 방법으로 공부하자는 것이다.

유학의 본래 정신을 찾자

김정희는 유학의 근본정신을 밝혀 실천하고자 했다. 우리가 어떤 사실이 진짜인지 아닌지 밝히기 위해 그 사실과 관계있는 자료를 모으고 그 사실에 대해 알고 있는 사람들을 조사하는 것처럼 학문도 머릿속에서 이론으로만 따지는 것은 한계가 있다. 그래서 김정희는 청나라 학자들처럼 고증학을 중요하게 여기고 실사구시의 방법을 따랐다. 선입견을 버리고 유학의 출발점인 공자와 맹자의 저술을 읽고 연구하는 것으로부터 학문을 시작했다.

김정희가 자신의 목표를 이루기 위해 제시한 방법은 '유학은 큰 저택이다.'라는 것이다. 우리 머릿속에 우리의 일상을 편안히 품어주는 저택을 지어보자. 저택에 들어가려면 제일 먼저 지나는 것이 대문이다. 대문을 지나서는 꽃이 만발한 뜰이 나온다. 뜰을 지나 현관문을 열고 들어가면 저택 주인이 사는 방이 나올 것이다. 이렇게 방에 들어가기 위해서는 대문과 뜰을 지나야 한다.

그 저택이 유학이라면 한당 유학은 바로 대문과 뜰이요, 송나라 명나라

큰 명필 김정희
조선 후기의 문신이자 서화가인 김정희는 실사구시의 학문 태도와
더불어 추사체로 유명한 명필이기도 했다. 김학수, 〈큰 명필 김정희〉.

성리학은 방이다. 유학의 본래 정신을 알려면 옛 고전을 공부해야 하지만 고전은 오랜 세월을 지나왔으므로 더러는 틀린 글자도 있을 수 있고 후세 사람들이 끼워 넣은 것이 있을 수도 있다. 그러므로 우선 틀린 글자는 없는지, 고전의 내용이 정확한지 살펴보아야 할 것이다. 이런 고전이 바로 한당 유학 경전과 해설서였다. 한당 유학을 유학의 본래 정신을 이을 수단이라고 본 것이다.

그 다음에 해야 할 일이 글자들이 뜻하는 바를 아는 것이다. 책의 내용을 이해하지 않고 문자 그대로 읽는 것은 저택에 비유하자면 대문을 여는 것과 같다. 방까지 들어가려면 책 내용을 이해할 수 있도록 전문가의 도움을 요청하거나 관계있는 다른 책들을 찾아 읽어야 한다. 방에 들어가면 저택 주인의 생활이나 문화적 특징 등을 살펴볼 수 있다. 저택 주인인 성리학은 공자와 맹자의 정신을 이어받아 도덕적인 생활을 위해 애쓰고 있을 것이며, 도덕적 수양은 다른 사람에게 감동을 주어 모든 사람이 도덕적으로 올바르게 살려고 힘쓸 것이다. 이러한 도덕적 실천은 사회를 올바르게 이끌어 나가는 기초가 된다.

그러면 김정희는 다른 실학자들과는 달리 성리학에 대해 무조건 찬성한 것인가? 김정희는 학문을 하는 자세에서 두 가지를 강조했다. 첫째는 학문의 목적이 유학 본래의 정신에 있으므로 마땅히 실사구시를 해야 하며, 둘째는 현실을 떠난 공허한 이론을 가지고 엉뚱한 방향으로 달아나서는 안 된다는 것이다. 성리학이 유학 본래 정신을 이론적으로 잘 정리한 것은 좋지만 공허한 것을 일삼는 것은 잘못이라는 생각이었다. 또 서로 옳다고 싸우거나 따져 보지도 않고 비난하는 것도 고쳐야 한다고 했다.

김정희는 유학의 본래 정신을 알기 위해서는 한당 유학과 성리학이 모두 필요하다고 봤다. 한당 유학이 수단이라면 성리학은 목적이므로, 서로

떨어져 있다면 유학의 본래 정신을 제대로 파악하기 어렵기 때문이다. 대문을 지나지 않고 방에 들어갈 수 없듯 어느 하나만을 고집하는 것은 올바른 태도가 아니라고 봤다.

종이보다 오래 남는 금석

김정희는 실사구시의 자세로 공부를 하다 보니 자연히 금석학과 고증학에 관심을 갖게 되었다. 가만히 방에 앉아 책만 읽는 것이 아니라 여기저기에 흩어져 있는 자료들을 찾아다닌 결과다.

먼저 김정희는 금석학을 매우 중요하게 생각했다. 금석은 역사책에 쓰여 있는 것보다 더 믿을 수 있고 지금까지 잘못 알려진 것을 바로잡을 수 있는 증거가 되기 때문이다. 대표적으로 김정희는 북한산에 있는 진흥왕 순수비를 통해 중요한 사실들을 새롭게 밝혀냈다. 순수비는 진흥왕이 고구려, 백제와 싸워 영토를 넓히고서 흐뭇한 마음으로 나라의 국경선을 돌아보며 만든 비석인데 모두 5개가 있다.

첫째, 진흥 대왕이란 호칭이 진흥왕이 죽고 난 뒤에 붙여진 것이 아니라 살아 있을 때의 것이라는 점이다. 둘째, 《삼국사기》에는 신라 땅이 안변까지라고 쓰여 있으나 사실은 안변에서 더 북쪽인 함흥까지 미쳤음을 밝혔다. 셋째, 신라 때에 '짐'이란 말을 썼다는 사실도 밝혔다. 짐은 황제가 자신을 부를 때 쓰는 말인데 이 말은 어느 나라에서나 쓸 수 있었던 것이 아니라 중국과 같이 크고 자존심이 강한 나라에서만 사용했다. 신라 왕이 짐이라는 호칭을 사용했다는 것은 그만큼 국력에 자신감이 있고 독립국으로서의 자존심이 강했다는 의미다. 이것은 우리 민족도 중국과 다를 바 없다는 생각이 없으면 할 수 없는 일이다. 김정희는 금석학 연구를 통해서 신라가 우리 민족을 소중히 여기고 자존심을 지키려는 정신이 강했던 나라

였음을 밝혔다.

또한 북한산 승가사 옆에 있는 비석을 사람들은 모두 무학 스님비라고 믿고 있었다. 그런데 김정희는 두 차례에 걸쳐 이 비석을 연구한 결과 이 비가 바로 진흥왕 순수비임을 증명해 그동안 사람들이 잘못 알고 있다는 것을 밝혀냈다.

김정희 외에도 우리나라 역사에 대해 특별히 관심을 갖고 연구한 실학자로 이익의 제자 안정복이 있다. 안정복은《동사강목》에서 여러 역사책의 잘못된 것을 고증했으며, 중국을 중심으로 역사를 쓰지 않고 우리나라 역사의 독자성과 주체성을 찾으려고 밝혀냈다.

많은 사람들이 옳다고 믿는 것에 대해 참으로 의심해 보지 않는다면 새로운 사상이나 창조물은 생겨나지 않을 것이다. 그런 의미에서 의심하고 새롭게 증명하려는 김정희의 학문하는 태도는 큰 의의가 있다.

경험과 검증을 강조한 최한기

앎은 경험으로부터 시작한다

안다는 것은 무엇인가? 우리는 어떤 과정을 통해 알 수 있게 되는가? 우리가 알고 있다고 믿어 의심치 않는 것은 정말 안다고 할 수 있을까? 이런 것들에 대해 깊이 생각한 실학자가 바로 최한기다. 그는 유학과 서양의 과학 기술에 관한 책을 널리 연구해 천 권이나 되는 책을 남겼다고 하는데 지금까지 내용이 알려진 것은 80권쯤 된다. 그가 지은《기측체의氣測體義》는 중국에서 책으로 만들어지기도 했다.

우리가 가진 지식 중 대부분은 경험을 통해 얻은 것이다. 최한기는 선험적 지식보다는 밖에서 배워 익혀 나가는 경험을 중요하게 생각했다. 그는 사람의 마음은 본래 거울과 같아서 먼지나 때가 끼어 있지 않으면 세상 모든 것을 그대로 비추고, 그림을 그리지 않은 흰 도화지처럼 경험들이 차곡차곡 그려진다고 했다. 그래서 흰 도화지에 한번 잘못 그리면 지우기 어렵듯이 경험과 지식을 잘못 쌓으면 다시 바로잡기 어렵다고 했다. 자기가 미리 짐작하거나 잘못 아는 것이 많은 사람일수록 자신만만한 태도로 자기와 생각이 같지 않은 남의 의견을 존중할 줄 모르고 공격하기 일쑤다. 잘못 아는 것에 사로잡혀 있을 때는 잘못을 스스로 깨달아 보다 넓은 경험을 쌓고 나쁜 습성을 버려야 한다.

경험할 수 없는 존재는 논하지 말라

마음은 거울과 같다고 했다. 그러면 거울에 비춰지는 것들도 있을 것이다. 우리는 이것들을 구분하기 위해 각각의 사물에 눈과 귀처럼 이름을 붙여 놓았다. 만약 눈이라는 이름과 귀라는 이름을 서로 바꾸어 눈을 귀라고 하고 귀를 눈이라고 부르면 어떻게 되는가? 귀로 본다고 하고 눈으로 듣는다고 해도 실지 사실에 있어서는 아무런 변화가 없다. 또 눈이나 귀에 눈이라는 이름과 귀라는 이름이 없다고 해도 보고 듣는 것은 변하지 않는다.

사람이 사물에게 이름을 만들어 붙인 것은 사물을 가리켜 구별하기 위함이다. 그러므로 이름 때문에 사물의 본래 모습이나 성질이 달라지는 것은 아니다. 물이 젖고 불이 타는 것은 물의 성질, 불의 성질에 있는 것이지 물과 불이라는 이름에 있는 것이 아니다. 처음에 이름을 붙일 때 불을 물이라고 이름 지었다면 우리는 타는 것을 물이라고 부를 것이다.

우리가 어떤 일이나 사물을 경험할 때 이름에 사로잡혀서는 안된다. 중요한 것은 그것의 본래 모습이나 성질이 무엇인지 아는 것이다. 사물의 이름만으로는 그 사물의 본래 모습이나 성질을 분명히 알 수 없는 경우가 많다. 그래서 최한기는 이름이나 글자만 가지고 하는 공부는 사람의 눈과 귀를 가리는 것이요, 사람의 마음을 흐리게 하는 것이라고 했다. 이런 공부를 오래 하면 할수록 잘못된 앎이 쌓인다고 경고했다. 옛날 학문은 실제 사물에 대해 연구할 때 직접 실험하고 관찰하는 것보다도 글을 가지고 따졌기 때문에 잘못된 공부 방법이라고 했다. 지금으로 말하면 하늘에 대해 연구하려면 망원경을 갖다 놓고 매일 변화를 관찰하고 기록하는 것이 좋은 방법이라는 것이다.

최한기는 우리가 객관적으로 검증할 수 없는 것은 논의조차 할 수 없다고 주장했다. 즉 성리학자들이 눈에 보이지 않는 형이상학적인 리에 사로잡혀 비현실적이고 추상적인 진리를 추구한 점을 비판하고, 눈에 보이는 검증 가능한 존재자들에 주목한 것이다.

이때 사람의 마음과 사물을 이어 주는 다리 역할을 하는 것이 눈·귀·입·코 등 보고 들을 수 있는 감각기관이다. 모든 사람은 밖의 것을 감각기관을 통해서 받아들이고 경험을 만들어 간다. 마음은 본래 아무것도 없다가 경험이 쌓여서 지식도 많아지고 세상일에 대해서도 올바른 판단을 할 수 있게 된다.

그런데 눈으로 보는 것만으로, 귀로 듣는 것만으로 모든 것을 다 알 수 있을까? 마음이 환하게 알기 위해서는 눈으로 본 것을 다시 귀로 들어 보는 것이 좋다. 보고 듣는 것만이 아니라 냄새 맡는 것, 맛보는 것, 피부로 느끼는 것 따위가 서로 맞게 받아들였는지 확인해 보는 것이 필요하다. 마음이 거울과 같아서 한번 비추었다가 사라지면 우리는 같은 경험을 계속 반복해도 모든 것이 매번 처음 보고 듣는 것이 될 것이다. 그러나 최한기에 따르면 경험은 우리 마음속에 기억이 된다고 한다. 기억을 잘하기 위해서는 쉽게 잊어버릴 염려가 있는 것은 표시를 해 두는 것이 좋다고 한다.

참된 지식은 어떻게 이루어지는가?

우리는 바깥에 있는 사물에 대해서는 경험을 통해서 얼마든지 알 수가 있다. 또 경험한 것을 바탕으로 해서 아직 경험하지 못한 것까지 생각할 수도 있다. 최한기는 이것을 추측이라고 했다. 어떤 일의 처음 실마리를 보고서 그 일이 어떻게 될 것인지 짐작할 수가 있다. 그러나 경험을 바탕으로 한 생각이 반드시 언제나 맞는다고 할 수는 없다. 그래서 그런 결론에 대해서는 맞는지 확인하는 작업이 필요하다. 최한기는 맞는지 틀린지 검증할 수 없는 것은 연구할 필요도 없다고 했다. 검증은 언제나 어긋남이 없는가를 알아보아 틀린 것은 고치고 옳은 것은 더욱 넓혀 나가는 것이다. 만약 검증을 거치지 않고 자기의 생각이 맞다고 한다면 밝은 지식을 가질 수가 없다고 보았다. 예외가 많은 과학 법칙이나 수학 공식은 법칙과 공식이라고 할 수 없는 것과 같은 이치다.

가장 중요한 것은 경험을 통해 보다 나은 진리로 나아가는 것인데, 마음에 그린 그림이 우주를 관통하고 있는 진리와 합치하는지를 객관적으로 검증해야 한다. 경험, 즉 그린 그림이 옳다고 검증되면 다시 보다 많은 경험과 추리를 통해 또 진리에 한발 다가간다. 그러니까 '경험→검증→변통變通→경험'의 과정을 거치는 것이다. 수많은 경험의 계단을 차근차근 올라가다 보면 결국은 천지를 관통하고 있는 진리를 알 수 있게 된다.

현실을 떠나 말이나 글만 가지고 이러쿵저러쿵하는 것은 살아 있는 학문이 아니다. 성리학자들도 이치를 알려고 노력했지만, 그들은 도덕적인

지구전도 | 지구후도
1834년에 최한기가 중국 장정부莊廷尃의 〈지구도〉를 목판으로 다시 만든
동서양반구도. 현재의 반구도에서는 볼 수 없는 24절기가 표시되어 있고,
적도와 황도, 남북회귀선을 특별히 강조하고 있다. 서울대학교 규장각 소장.

측면에 치중했기 때문에 감각적인 것은 중요하게 여기지 않았다. 그러나 최한기는 성리학자들과 같은 방법으로는 참된 앎에 도달할 수 없다고 생각했다. 물론 여기서 말하는 앎은 성리학에서 말하는 도덕적인 앎과는 차이가 있다.

과학적인 앎을 추구하다

그런데 경험을 통해서 앎이 넓혀진다면 모두 경험한 후에야 뭔가를 아는 인생을 살 수 있을 것인데 정해진 시간 안에서 사는 인간의 경험에는 당연히 한계가 있기 마련이다. 이러한 한계를 극복할 수 있게 하는 것이 추측이다. 추측을 통해 우리는 경험하지 않은 일도 처리할 수 있고 추측과 경험을 조화롭게 쌓아 지혜롭고 슬기로운 사람이 될 수 있다.

그런데 추측이 사실에 근거한 논리적인 지식의 확장이 아니라 지식의 왜곡이 될 경우가 있다. 예를 들어, 한 개인과 사회의 알 수 없는 미래에 대한 예언과 죽음 후의 세계에 대한 근거 없는 이론 등은 추측의 도를 넘어서는 불확실한 지식이요 어리석은 추측이다.

최한기는 이렇듯 검증해서 맞지 않는 것을 거부했다. 유교를 완전히 부정한 것이 아니라 유학자들이 글에만 의존하거나 주자와 같이 권위 있는 학자의 말을 무조건 믿는 풍조를 비판했다. 과거에 쓰여진 책이 현실의 모든 것을 해명해 주지는 못한다. 최한기는 참된 지식은 유명한 학자의 말을 따르는 것이 아니라 현실 속에서 검증 가능한 지식이라고 주장하면서 모든 사람들이 옳다고 믿고 실천할 과학적인 앎을 찾으려고 애썼다.

실학의 사상사적 의의

실학은 왜 조선 후기를 대표하는 사상인가

앞에서 조선 후기의 성리학에 대해서 알아보았다. 그런데 우리가 조선 후기의 사상을 이야기할 때는 성리학이 아닌 실학을 말한다. 그 당시에는 실학자들보다 성리학자들이 훨씬 많았음에도 왜 조선 후기를 대표하는 사상으로 실학을 말하는 것일까?

사상은 단순한 생각의 나열이 아니다. 자기가 살고 있는 사회와 인간에 대한 깊은 애정을 가지고 그 시대의 사회 현실을 정확하게 알고 그에 맞는 해결 방법을 제시할 수 있어야 한다. 현실과 동떨어진 사상은 뿌리 없는 나무와 같아서 생명력을 잃은 나무는 큰 의미가 없다.

실학사상은 성리학이 현실 문제와 동떨어진 논쟁만 일삼는 데 반대했다. 그리고 시급한 사회·경제 문제에 대해 효과적인 해결책을 마련하고자 했으며, 그러한 해결책의 밑바탕이 되는 새로운 사상을 전개했다. 실학사상은 조선 후기 사회의 문제점이 무엇인지 정확하게 이해했고 나름대로 해결책을 제시했기 때문에 그 시대를 대표하는 사상이라고 할 수 있다. 조선 후기 사회에서 성리학적인 논의가 없었던 것은 아니다. 앞 장에서 살펴본 것처럼 인물성 동이 논쟁과 예학 논쟁이 있었다. 그러나 이런 논쟁이 조선 후기 사회가 부딪친 여러 문제점을 정확히 짚어내고 해결책을 제시하는 데 미흡했기 때문에 시대를 이끌어 나갈 수가 없었다. 살아있는 철학은 바로 사회를 이끌어 가는 깨어 있는 시대정신인 것이다.

성리학과 실학은 어떻게 다른가

어떤 문제를 풀려고 할 때 가장 먼저 알아야 할 것은 '무엇이 문제인가?' 이다. 시험 문제도 출제자가 무엇을 묻고 있는지 파악해야 정답을 찾을 수 있듯이 생활 속에서도 마찬가지다. 사회는 완전하지 못한 사람들이 모여 사는 곳으로 늘 문제가 생기기 마련이다. 그때 중요한 것은 무엇이 문제인가를 아는 것이다. 그러나 무엇이 문제인지 알았다고 해서 모든 것이 해결되지는 않는다. 무엇을 어떻게 고쳐 나가야 할지 알아내서 그것을 실천으로 옮겨야 한다.

많은 땅이나 돈과 힘을 가진 사람은 대개 사회를 이끌어 가는 위치에 있는 경우가 많다. 조선 시대에는 양반들이 대부분 그 자리를 차지했다. 그러나 그들은 대부분 문제를 알려고 하지도 않고 문제를 안다고 해도 고치려 하지 않았다. 설사 해결책을 내놓는다 해도 그다지 적절한 것은 아니었다. 사회가 근본적으로 변화하는 것을 원하지 않았기 때문이다.

실학자들은 양반이면서도 백성들의 어려움을 모르는 척할 수가 없었다.

다음 네 가지는 실학자들이 당시 사회가 무엇이 문제인가를 고민한 내용이다. 실학은 다음과 같은 문제의식을 가지고 출발했다.

첫째, 도덕적 형식에 치중한 성리학의 비생산성을 비판했다. 성리학이 조선 초기에는 새 왕조 창업에 큰 힘이 되었다. 그러나 조선 후기의 예학 논쟁이나 호락논쟁 등 성리학적 논쟁은 철학적으로 의미가 없지는 않았지만, 생활고에 허덕이는 수많은 백성들의 현실적 문제와는 동떨어진 논쟁이었고 정권 다툼의 수단이기도 했다.

둘째, 병자호란 이후 주장되어 온 북벌론에 대한 비판이다. 북벌론은 1636년에 일어난 병자호란에 패한 후에 나라와 백성이 많은 피해를 보자 당시 지배 세력이 청나라를 쳐야 한다고 주장한 것이다. 북벌은 북쪽 지방에 있는 오랑캐를 친다는 뜻으로, 북벌론은 '중화는 명, 오랑캐는 청'이라는 등식 아래 오랑캐인 청나라를 토벌해 임진왜란 때 우리를 도와준 명나라에 대한 의리를 지키고 병자호란으로 입은 정신적·물리적 피해를 극복한다는 주장이었다.

그러나 당시 조선의 국력은 청나라를 칠 수 있을 만큼 강하지도 못했고 그렇다고 성리학자들이 국력 강화의 구체적인 방법을 갖고 있지도 못했다. 정말 청나라를 치고자 한다면 몇 명의 군사를 어떻게 훈련시키고, 비용은 어떻게 마련하며, 무기 개발은 어떻게 할 것인지 구체적으로 생각해야 했다. 그러나 북벌론은 단지 백성들의 생각을 권력층의 명분에 묶어 두려는 정치적 수단이었고 성리학 이외의 다른 사상에 대한 탄압 도구로 이용되었을 뿐이었다.

이에 반해 실학자들은 새로운 세계 지리에 대한 지식을 바탕으로 세계의 중심이 꼭 중국은 아니며 명나라를 숭배할 필요도 없고, 청나라를 오랑캐라고 배척만 할 것이 아니라 그들의 앞선 문명은 배워야 한다고 주장했다. 그러나 아쉽게도 이러한 주장은 받아들여지지 않았다.

셋째, 오로지 성리학만이 옳다고 생각하는 당시 학문 풍토에 대한 비판이다. 이미 윤휴와 박세당 같은 학자는 유교 경전에 대한 주자의 해석에 대해 다른 견해를 제시하기도 했지만 성리학에 대해 의문을 품으면 사문난적으로 몰려 곤욕을 치렀다. 조선 후기에 와서는 현실의 여러 상황 변화로 이러한 사상의 경직성에 대해 반성하지 않을 수 없게 되었다. 그러므로 실학자들은 노론이니 남인이니 하는 당파에 얽매인 학문 풍토를 비판하고 학문 연구의 자유와 개방성을 찾으려고 노력했다.

넷째, 생산 노동과 신분 질서에 대한 새로운 생각들이 나타났다. 조선 전기에 《소학》과 《주자가례》의 보급을 통해 사회 규범으로 자리 잡은 성리학적 윤리 규범은 후대로 갈수록 점점 형식적인 면에 치우쳐 양반의 특권 의식을 상징하는 도구가 되었다. 그래서 실학자들은 양반 계층이 일을 하지 않고 노는 비생산성을 비판하고 농업 · 상업 · 수공업 등 생산 노동의 중요성을 강조했다.

그렇다고 성리학이 현실과 완전히 동떨어진 것은 아니었다. 이론적 측면이 강했지만 사회 문제를 외면하거나 해결책을 제시하지 않았던 것은 아니었다. 앞에서 살펴봤듯이 율곡 이이와 같은 학자는 사회 현실을 올바로 이끌기 위해 많은 노력을 했다. 그러면 성리학과 실학은 모두 유학사상을 바탕으로 한 것인데 어떤 점에서 차이가 나는가?

성리학자들은 모든 문제 해결의 열쇠가 임금에게 있다고 보았다. 임금이 백성을 사랑하는 마음으로 정치를 하면 모든 것이 해결된다는 것이다. 그러므로 임금이 착한 마음을 갖도록 하는 것이 가장 중요한 문제였다. 그래서 끊임없이 임금에게 글을 올리고, 임금이 좋은 정치를 하도록 도왔다.

그러나 실학자들은 임금의 착한 마음이 해결책이라고 생각하지 않았

고종 황제 조선 후기 실학자들이 조선 사회가 나아가야 할 방향을 제시했다고 생각해서 이들을 본받기 위해 실학자들의 저서를 많이 출간했다.

다. 한 사람이 모든 것을 결정하는 것은 대단히 위험하며 한 사람이 할 수 있는 일에는 한계가 있다고 보았다. 여러 사람이 지혜를 모았을 때 가장 좋은 방법을 찾을 수 있고, 그런 방식으로 지금까지 인류 역사가 발전해 왔다는 생각이었다. 그래서 실학자들은 임금 한 사람에게만 의지하지 말고 사회 문제의 해결 방법을 사회 제도를 고치는 데서 찾았다. 여러 사람이 지혜를 모아 가장 좋은 방법을 찾아 법으로 만들자는 것이다. 이것이 성리학과의 가장 큰 차이점이다. 또 성리학이 마음에 대한 이론적 체계를 구축하는 데 치중했다면 실학은 발로 뛰는 실천을 중요시한 사상이었다. 책만 보고 가만히 앉아서 마음을 닦는 것보다는 실제 생활 속에서 문제를 찾고 해결하려고 했다.

그러나 실학자들의 사상과 사회 개혁안은 받아들여지지 않았다. 조선 사회는 여전히 성리학을 보다 굳건히 지킴으로써 사회적 안정을 이루려는 사람들이 많았기 때문이다. 실학자들의 사상은 훨씬 후인 근대에 와서야 주목을 받았다. 1930년대 국학 운동의 일환으로 주목받기 시작하면서 비로소 '실학'이란 용어를 사용했고, 우리가 알고 있는 실학사상이 체계적으로 연구되기 시작했다. 이렇게 짧은 역사를 가졌지만 실학사상은 한국 철학사에서 중요한 의미를 가진다. 조선 후기 새로운 시대정신으로서 조선 사회가 나아가야 할 방향성을 제시했고, 여러 실학자들의 사상과 저서들은 근대 시기 사회 개혁의 좌표가 되기도 했다. 고종 황제는 다산의 《여유당전서》를 들여오라고 명령했고 실학자들의 저서를 많이 출판했다. 고종은 부국강병에 뜻을 두어 여러 차례 제도를 변경하려고 하는데 여러 신하 중에 믿을 만한 자가 없음을 한탄하면서, 다산과 같은 시대를 살지 못한 것을 탄식했다고 한다. 1902년 김윤식이 《연암집燕巖集》을 발간하면서 쓴 서문에 "이 문집에 실린 내용을 살펴보면 오늘날 가장 긴요하고 가장 중대한 시무와 저절로 합치한다"라고 했다. 즉, 서양 근대 학문을 받아들이고 근대 사회로 변화해 나가는 데 있어서 실학사상은 상당 부분 긍정적인 역할을 담당했던 것이다.

7부 문명과 야만의 두 얼굴에 맞선 한국 근대사상

19세기 제국주의 시대는 진정한 세계사의 시작이라고 할 수 있다. 교류와 상호 접촉을 통해 하나의 세계를 실현해 나갔기 때문이다. 그러나 바로 그 때문에 다른 한편에서 제국주의 시대 이전과는 비교도 안 될 정도의 강력한 저항에 부딪칠 수밖에 없었다. 더욱이 서양 국가들은 자기네들끼리 식민지 쟁탈전을 벌였으니, 1차 대전과 2차 대전은 식민지를 차지하기 위한 대표적 전쟁이었다.

군함을 앞세운 서양 제국
-식민지 개척에 발 벗고 나서다

서양에서는 이미 18세기 후반부터 산업이 발달하기 시작했다. 즉 가축의 힘이나 사람의 힘을 주로 이용하던 농업 중심의 산업을 벗어나 오늘날과 같이 기계의 힘으로 공장에서 물건을 많이 만들어 파는 상공업 중심의 산업으로 급속히 발전했다. 우리가 잘 아는 제임스 와트의 증기 기관 발명과 스티븐슨의 증기 기관차 발명 등이 이러한 것을 가능하게 했다.

이렇게 되자 서양의 여러 나라들은 공업 원료를 대주고 공업 상품을 판매할 해외 시장이 필요했다. 왜냐하면 이미 기계에 힘입어 많은 물건을 만들 수 있었으나 원료의 공급과 상품의 소비를 좁은 국내 시장에서 충족시킬 수 없었기 때문이었다. 그래서 그들이 만들어 낸 해결책이 식민지 개척이었다. 영국이 인도를 침략한 것이 본보기인데, 영국은 산업혁명 이후 기계로 면직물을 생산했다. 인도의 데칸 고원은 세계적인 면화 생산지로서 좋은 면화를 제공할 뿐만 아니라 많은 인도인에게 기계로 만든 비싼 면직물을 팔 수 있었다.

유럽은 식민지 개척과 함께 그 명분으로 자유 무역을 내세웠는데, 자유 무역은 유럽의 근대화를 가속시키는 추동력이었다. 스물을 갓 넘긴 빅토리아 영국 여왕은 아편 전쟁을 지지하면서 "영국인의 안전도, 800만 파운드의 손실도 문제가 아닙니다. 자유 무역에 대한 거부가 다른 나라에까지 파급되면 대영 제국은 1년 만에 멸망합니다. 동방의 마지막 땅인 중국을 소유하면 19세기를 소유하는 것입니다."라고 했다. 이 말은 영국 정부가 내외의 비난을 무릅쓰고 하필 아편 문제로 전쟁을 해야 하는 이유를 잘 드러낸다. 당시 영국의 아편 무역은 영국의 인도 지배에서 빼놓을 수 없는 것이었으며, 아편을 중국에 팔아서 얻은 은은 미국-오스트레일리아-중국-인도를 연결하는 세계 무역의 결제 수단으로 쓰이고 있었다. 즉 영국은 제국 유지를 위해 중국에서 아편의 자유 무역을 수호할 수밖에 없었던 셈이다. 또 "4억 중국 사람의 셔츠가 1인치씩만 늘어도 영국 공장들이 30년 가동된다."는 유행어가 나돌 정도로 중국 시장은 영국 경제의 주춧돌 역할을 했었다.

서양 사람들이 식민지를 개척하는 순서를 더듬어 보자. 먼저 그들은 식민지로 만들 나라를 정했는데 그 기준은 자기 나라보다 덜 개화되었다고 생각한 나라였다. 서양 사람들은 이런 나라 사람들을 미개인으로 여겨, 자신들은 문명인이고 식민지인들은 야만인이라고 구분했다.

야만인들이 문명인의 혜택을 누리게 하는 첫 번째 순서는 우선 종교를 전파하러 선교사들이 그 나라에 들어가는 것이다. 선교사들은 종교 전파와 함께 학교를 세우고 교육 사업을 실시하면서 서양식의 생활이 더 문명적이고 신의 축복이라고 가르쳤다. 다음으로 병원을 세우고 풍토병이나 전염병을 치료해 주어 그들의 마음을 사로잡았다. 그 나라에 대한 기본 정보를 충분히 수집한 후에는 상인들이 따라 들어갔다. 원주민들은 신기하

조선의 문호 개방을 서두른 이양선 조선 원정을 명령받은 미국의 로저스 사령관이 이끌던 전함. 이양선의 출몰은 구미 열강의 강압적 통상 요구를 알리는 신호였다.

고 편리하며 동시에 비싼 공업 상품을 그들의 값싼 토산품과 바꿨다. 편리에 맛들인 원주민들은 점점 그들의 상품을 쓰지 않으면 안 되게 되었다. 그리고서는 상품 대금으로 공업 원료나 귀금속 및 문화재를 빼앗다시피 가져 갔다. 이렇게 하여 상업 규모가 커지고 나면 상인들과 선교사들을 보호한다는 구실로 서양 본국에서는 군대를 보냈다. 마지막 단계는 그 나라를 식민지로 만드는 것이다. 그리고 총독부를 두어 그 나라를 서양 국가의 관리가 다스렸다. 만약 사정이 여의치 않으면 말 잘 듣는 원주민을 총독으로 삼아 그들이 시키는 대로 다스리는 방법을 택했다. 유럽인들은 아시아와 아프리카를 식민 지배하면서 그것이 도둑질이라고 생각하지 않고 그들을 문명화시켜 준다고 생각했다. 그것을 '백인의 의무'라고 여겼다.

19세기 제국주의 시대는 진정한 세계사의 시작이라고 할 수 있다. 교류와 상호 접촉을 통해 하나의 세계를 실현해 나갔기 때문이다. 그러나 바로 그 때문에 다른 한편에서 제국주의 시대 이전과는 비교도 안 될 정도의 강

러일 전쟁 1904년 한반도를 차지하기 위해 일본과 러시아가 벌인 전쟁에 출병하는 일본군의 모습.

력한 저항에 부딪칠 수밖에 없었다. 더욱이 서양 국가들은 자기네들끼리 식민지 쟁탈전을 벌였으니, 1차 대전과 2차 대전은 식민지를 차지하기 위한 대표적 전쟁이었다. 오늘날 세계에는 약 220개의 나라가 있지만 식민 지배를 하지 않았거나 식민 지배를 당하지 않았던 나라는 겨우 다섯 개밖에 되지 않는다.

그렇다면 이런 세계적인 제국주의 파도 속에서 조선은 어떤 처지에 놓였을까? 우리나라와 서구가 관계를 맺은 것은 19세기 말 구미 열강이 통상을 요구하면서 끌고 온 전함 이양선異樣船의 출몰과 함께 시작되었다. 영국·러시아·독일을 비롯한 여러 나라 배들이 통상을 요구했고 미국 전함 셔먼호는 평양까지 이르러 통상을 요구하면서 행패를 부리기도 했다. 이양선을 앞세웠던 열강의 침입을 대원군 정권의 쇄국 정책으로 잠시 막아 낼 수는 있었지만 근본적인 대책이 되지는 못했다. 서구 열강을 비롯한 주변 나라들은 우리나라에서 이권을 챙기거나 식민지로 만들려고 열을 올렸다. 우리나라에서 벌어진 청일 전쟁과 러일 전쟁 또한 청나라·러시아·일본이 서로 조선을 식민지로 삼기 위한 것이었다. 결국 우리나라는 일본의 식민 지배를 받게 되었으니, 우리나라 또한 이런 제국주의의 파고에 휩쓸리게 된 것이다.

일본은 러일 전쟁에서 승리한 1905년, 을사조약으로 조선의 외교권을 빼앗았고 2년 후에는 군대마저 해산시켰으며, 1910년 경술년에 강제로 병합했다. 청일 전쟁에서 경술국치庚戌國恥에 이른 15여 년은 참으로 국권 상실의 시련기였다. 일본은 영국이 인도에 했던 것보다 더 가혹하게 한국을 수탈했을 뿐만 아니라 한국의 문화와 역사마저 왜곡시켰다.

열강의 소용돌이 속에서 살아남기

정약용은 〈내선고 內先考〉란 글을 썼는데, 여기서 내선이란 민족, 국가를 뜻하는 영어 단어 nation을 소리 나는 대로 적은 것이다. 이 글에서 정약용은 지금 서양에서는 이 내선을 모든 것의 으뜸으로 치는 풍조가 유행이라고 했다. 바깥보다 안을 우선한다는 한자 풀이는 서구 근대 문명이 한 나라의 차원에서는 근대적 문명화였지만, 그것이 다른 나라를 식민 지배함으로써 가능했다는 측면에서는 매우 야만적이었다는 양면성을 잘 표현하고 있다. 정약용은 서양의 내선들은 자기를 내세우려고 타국에 대한 침략과 정복도 서슴지 않는다고 지적하면서 "나는 나를 존중하되 남을 미워하거나 업신여기지 않는 것이 진정한 자존이라고 믿는다."라고 적었다. 그리고 그네들과 당시 조선의 선각자들의 공통점으로 한결같이 사농공상의 신분차별 없이 고르게 사는 겨레를 우선시한다는 점을 들었다.

하지만 조선은 여전히 임금이 절대 권력을 가진 왕조 체제였으며 신분제도 또한 굳건했다. 농업 중심의 사회였지만, 농사지을 땅도 지주나 권세 있는 양반들이 주로 차지한 탓에 일반 백성들의 생활은 말이 아니었다. 실학자들이 그런 사회 문제를 심각하게 비판했지만 그들의 비판은 받아들여지지 못했다.

이렇게 옛 방식의 신분제와 다스리는 방법을 벗어나지 못한 조선은 발달한 무기와 군함을 앞세운 서양의 침략 앞에서 커다란 불안감에 사로잡히지 않을 수 없었다. 당시 서양 강대국들은 1845년 아편 전쟁의 승리로 중국을 반식민지로 만들었다. 그리고 점차 조선을 넘보고 우리나라 해안에 군함을 이끌고 나타나 우리를 자주 위협했다. 서양뿐만이 아니다. 아시아의 영국이 되고자 했던 일본이 영국이 인도를 먹은 것처럼 조선을 먹으려고 군침을 흘리고 있었다.

물 건너온 새로운 서양 군함에는 단순히 낯선 서양 사람만 타고 있지 않았다. 당해낼 수 없는 무기뿐만 아니라 자본주의, 그리고 그들을 합리화해 주는 만국 공법 체제가 똬리를 틀고 있었다. 만국 공법 체제는 만국의 주권이 동등하다는 전제에서 출발했다. 그러나 만국 공법을 만들었던 유럽 국가들은 이 체제가 법으로 국가 간의 행위를 구제하고 이끌어갈 수 있을 만큼 문명화한 국가 사이에만 적용된다고 생각했지 야만적인 미개국은 만국 공법의 주체가 될 수 없다고 생각했다. 그러니까 조선은 힘센 문명국만 보호하는 만국 공법 체제에 들어갔지만, 그 법은 조선을 지켜주기 위해 만들어진 법이 아니었다.

이보다 앞서 실학자들도 조선이 문호를 개방해야 한다고 주장했다. 그러나 실학자들의 주장은 주로 개인적인 생각에 머물러 있었다. 그 이유는 실학자들이 활동했던 17~18세기는 서양 세력과 직접적인 교류가 없었을 뿐만 아니라 서양 여러 나라가 군함을 앞세워 쳐들어오지도 않았다. 서양을 어떻게 이해하고 받아들이느냐는 선택의 문제에 지나지 않았다. 그러나 개항을 전후로 시작된 근대는 강력한 타자인 서양과 관계맺음이 무엇보다 중요한 요소로 작용했다. 서양을 어떻게 이해할 것인가는 곧 서양과 다른 한국을 어떻게 이해할 것인가라는 문제와 동일선상에 있었다. 강력한 군함을 앞세운 서양은 거대한 파도처럼 동양을 집어삼키려고 했다. 그렇다면 조선은 어떻게 살아남아야 할 것인가? 그것이 문제였다.

근대를 이끌어 간 세 갈래 길

전혀 다른 서양을 접한 조선 사람들은 이 같은 위태로운 상황이 당혹스러웠다. 어떻게 하면 서구 열강과 일본의 야욕을 물리치고 살아남을 수 있는지 방법을 찾아야만 했다. 무엇보다 먼저 물어야 할 것은 너무나도 낯선 서양을 어떻게 이해할 것인가라는 문제였다. 서양을 문제 삼는 것은 동시에 그동안 조선을 떠받치고 있었던 성리학이 근대에는 어떤 역할을 할 것인가라는 문제와 맞물려 있었다. 그것은 마치 동전의 양면과 같았다. 성리학을 문제 삼는 것 자체가 500년 동안 조선 사회를 운영했던 성리학 중심 사회가 무너지고 있다는 증거였다. 그리고 더 이상 성리학으로 새로운 사회를 운영할 수 없다면 새로운 사상 체계를 정립하는 일 또한 중요한 과제로 떠올랐다.

당시 조선이 선택할 수 있는 카드는 무엇이었을까? 서양 강대국의 침략에 대해 조선의 현실 문제를 해결하고자 하는 대응은 크게 세 가지로 나눌 수 있다. 위정척사사상과 개화사상, 그리고 민중 운동이 그것이다.

위정척사는 말뜻 그대로 올바른 것을 지키고 사악한 것을 배척한다는 사상이다. 좀 더 자세히 말하면 서양을 사악한 오랑캐로 보고 그들의 종교 (당시 천주교)나 사상뿐만 아니라 문물마저도 받아들이기를 거부한 것을 말한다. 위정척사파는 주자학적 가치를 높이 받들고, 조선의 윤리 도덕이나 제도를 가장 좋은 것으로 여겼다. 그들의 해결책이란 서양 사람들과 사귀거나 무역을 하지 말고 그들의 종교나 문물을 절대로 받아들여서는 안 된다는 것이었다. 오로지 옛 제도와 유교적 성인의 말씀을 되살려 지키는 것이 중요하다는 생각이었다.

위정척사파도 서양 사람들이 우리를 침략할 것임을 잘 알고 있었다. 또 중국의 사정도 잘 알았다. 그러나 이들의 생각은 힘을 앞세운 제국주의의 침략을 막는 적절한 대비책이라 볼 수는 없다. 왜냐하면 서양 사람들과 사귀지 않으면서 국가의 부강을 이룩하고 독립을 지키기에는 이미 세계 역사의 흐름이 용납하지 않았기 때문이다. 또 서양 사람들을 오랑캐라고 업신여겼지만, 서양의 정신문화와 과학이 정말 보잘것없어 무시할 만한 것도 아니었기 때문이다.

개화사상은 이러한 상황에 대처하기 위해 위정척사파와 정반대의 입장에 섰다. 개화사상은 조선을 서양 국가의 모습으로 바꿈으로써 여러 문제들을 해결하고자 했다. 서양의 발달된 과학 기술을 받아들이자는 것이다. 그래서 우리도 나라를 부강하게 하고 군대를 길러 독립을 유지하자는 생각이었다. 이것은 조선 후기 실학사상의 영향 아래 서양의 새로운 문물을 중요한 사상적 자료로 삼아 이루어진 것이다. 이렇게 볼 때 개화사상은 실학사상을 근대 상황에 맞게 발전시킨 것이라고 할 수 있다.

위정척사와 개화사상을 주도했던 이들이 주로 지식인 계층이었다면 제국주의 침략의 피해를 직접적으로 당했던 민중들이 앞장서서 근대 사회가 안고 있던 문제를 해결하려고 노력했던 것이 민중 운동이다. 근대 민중들은 정부와 벼슬아치들의 부정을 비판하고 외세 침략의 부당함을 지적했다. 이들은 비록 민중이 중심이 되는 평등 사회를 구현하지는 못했지만, 갑오농민전쟁이 실패한 이후에도 다양한 활동을 통해 근대 사회 발전에 기여했다.

그럼 이제부터 100여 년 전 우리 조상들이 경험했던, 그 이전에는 본 적조차 없었던 서양을 만나면서 겪은, 급격한 변화 속에서 치열하게 고민했던 이야기를 차근차근 들어보자. 조선 시대에는 한복과 상투를 틀었지만, 지금 우리는 양복을 입고 있다. 지금 우리와 같은 생활양식이 시작된 때가 바로 근대다. 오늘날 군사적 애국주의를 마다않는 미국, 공산주의 이념 대신 중화 민족주의를 선택한 중국, 독도를 넘보며 극우화가 힘을 얻는 일본, 국가주의가 유행하는 러시아……. 누가 과연 우리의 적이고 친구인가? 보다 나은 한국의 미래를 위해 우리가 100여 년 전 선조들보다 현명하게 대처하고 있는지 묻지 않을 수 없다.

척사를 할 것인가 개화를 할 것인가는 민족주의를 내세울 것인가 아니면 세계화의 흐름에 맞춰 개방을 할 것인가 하는 문제와 본질적으로는 같다. 그렇다면 지금 우리가 안고 있는 문제를 파악하기 위해서도 근대사상에 대해 자세히 알아볼 필요가 있다. 우리가 어디로 나아가야 할지 고민하면서 근대사상 부분을 읽으면 더욱 흥미진진할 것이다.

8부 | 문화 민족의 자긍심을 지킨 위정척사

조선 후기 많은 지식인들은 여전히 성리학을 주장했다. 성리학이 진리라고 믿어 의심치 않았던 사람들에게 서양의 이질 문화는 일차적으로 거부 대상이 되었고 이들은 변화를 요구하는 세력을 억누르고 외세에 맞서면서 더욱 철저하게 성리학을 지키려고 했다. '위정'이란 올바른 사상인 성리학을 지킨다는 것이고, '척사'란 그릇된 사상을 배척한다는 뜻이다. 성리학자들은 그릇된 서양 문화를 배척하는 것이 올바른 성리학을 지키는 길이라고 믿었고, 그런 의미에서 본다면 척사가 곧 위정이요 위정이 곧 척사인 셈이다.

척사로 드러난 문화민족의 자긍심

기술보다도 문화로 자긍심을 갖다

기존의 문화와 전혀 다른 이질적인 문화를 접했을 때 그에 대한 거부감을 느끼는 것은 당연한 일 아닐까? 그것은 어떤 면에서는 스스로에 대한 긍지와 존중의 표현으로 평가할 수 있다. 조선 후기 많은 지식인들은 여전히 성리학을 주장했다. 성리학이 진리라고 믿어 의심치 않았던 사람들에게 서양의 이질 문화는 일차적으로 거부 대상이 되었고 이들은 변화를 요구하는 세력을 억누르고 외세에 맞서면서 더욱 철저하게 성리학을 지키려고 했다. 이런 사람들의 사상을 위정척사사상이라고 한다. '위정'이란 올바른 사상인 성리학을 지킨다는 것이고, '척사'란 그릇된 사상을 배척한다는 뜻이다. 성리학자들은 그릇된 서양 문화를 배척하는 것이 곧 올바른 성리학을 지키는 길이라고 믿었고, 그런 의미에서 본다면 척사가 곧 위정이요 위정이 곧 척사인 셈이다.

지금 실정에서 보면 위정척사의 주장이 무모해 보일 수도 있겠지만, 그당시는 여전히 성리학이 사회 지도 이념으로서 많은 영향을 미치고 있었다. 그리고 사회 지도 이념을 기초로 해서 사회를 이끌어 나가는 위치에 있던 성리학자들이 조선을 탐내는 서양과 일본에 저항하는 것은 어느 측면에서는 당연한 반응이라고도 할 수 있다. 이러한 위정척사론은 한편으로 보면 자기만 옳다고 주장하는 속 좁은 주장일 수도 있다. 그러나 잘 살펴보면 오로지 자신만 옳다고 홀로 울부짖는 것이 아님을 알 수 있다.

성리학자들은 화이론華夷論의 입장에서 외세를 몰아내야 한다고 주장했다. 화이론에서 '화'란 중국 민족 또는 중국 문화를 높이는 말이고, '이'란 중국 이외의 민족이나 이들의 문화를 낮추어 부르는 '오랑캐'라는 의미의 말이다. 이것은 중국과 그 이외의 나라를 문화라는 기준으로 나누어 훌륭한 선진 문화를 가진 중국 민족과 미개한 오랑캐를 구분한 것이다.

그러나 이 구분은 단순히 문화의 차이에 의한 것만은 아니었다. 성리학자들에 따르면 인간 사회의 모든 일은 우주의 이치인 리와 그 재료인 기에 의해서 이루어지는 것이기 때문에, 문화의 차이도 그러한 이치에 따른 결과라고 한다. 또한 성리학자들은 다양성을 주장하면서 우주는 전체로 보면 조화를 이루고 있지만 자세히 보면 다양한 차이가 있고 인간도 자연도 모두 같을 수는 없다고 했다. 한 나라 안에서도 벼가 잘 자라는 땅이 있고 잘 자라지 않는 땅이 있듯, 세계 전체를 놓고 보면 좋은 지역과 좋지 않은 지역이 있다는 것이다.

조선 사람들은 그때까지 세계의 중심이 중국이라고 믿고 있었고, 세계의 중심에 자리 잡은 중국에는 가장 조화롭고 좋은 기운이 모여 있다고 생각했다. 그래서 그곳에서 태어나고 살아가는 사람들도 다른 지역의 사람들보다 우수하다고 여겼다. 자연히 중국 이외의 나라들은 중심에서 벗어

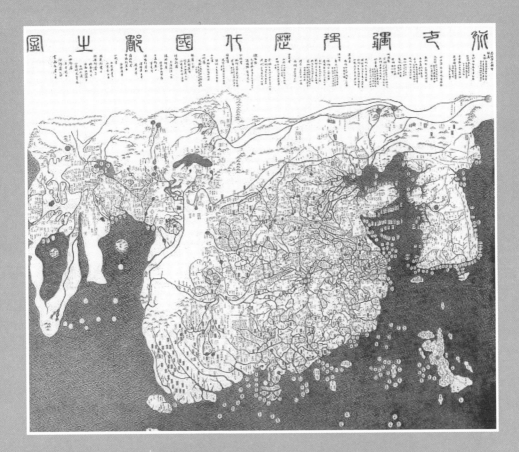

혼일강리역대국도지도
동양에 현존하는 가장 오래된 세계 지도로서 조선 초기의 행정 정비와 왜적의 침입에 대비하기 위해 만들어졌다. 그러나 이 지도는 행정·국방상의 필요성 이외에 조선 왕조의 국가적 권위와 왕권을 확립하는 데도 도움이 되었다. 즉, 중국을 세계의 가장 중심에 놓고 중국 이외의 나라는 작게, 조선은 중국과 가장 가까운 곳에 크게 그림으로써 중국 중심의 세계에 조선 왕조가 당당하게 자리 잡고 있음을 세계 지도를 통해 보여 주려고 했다. 조선 시대의 성리학자들은 이와 같은 소중화 의식을 바탕으로 유교 문화의 전통을 이으려 했다.

나 있기 때문에 중국보다 열등하다고 생각했다. 그 나쁜 정도도 지역마다 차이가 있는데, 특히 서양 오랑캐들은 기운이 가장 안 좋은 곳에서 태어나서 자랐으므로 가장 열등하다고 보았다. 그래서 성리학자들은 처음에 서양 사람들을 인간에 훨씬 못 미치는 짐승으로 여기기도 했다.

이렇게 보면 조선도 중국의 변두리에 있기 때문에 조선인도 오랑캐일 수밖에 없을 것이다. 그런데 조선 성리학자들은 자신들이 다른 민족들과 다르다고 생각했다. 조선은 물론 중국보다 못하지만 중국의 바로 옆에 있으므로 다른 나라보다는 좋은 조건을 갖추고 있다고 믿은 것이다. 또한 중국의 문화를 받아들여 발전시켰으므로 오랑캐와는 달리 소중화, 즉 '작은 중국 문화'를 이룬 나라라고 생각했다.

이것은 문화를 기준으로 삼는 독특한 판단에 따른 것이었다. 전통적으로 유학자들은 중국의 유교 문화를 받아들여서 따르면 아무리 다른 민족이라 해도 중화 문화권에 포함시키고, 아무리 정통 중국 민족이라 해도 중국의 유교 문화를 따르지 않으면 오랑캐로 간주한다는 기준을 가지고 있었다. 이 기준에 따르면 조선은 중화 문화권일 뿐만 아니라, 중국 이외의 다른 민족 중에서는 중국의 유교 문화를 가장 철저히 따르고 있는 셈이었다. 그래서 소중화라는 자부심을 가졌던 것이다.

성리학자들은 유교 문화의 전통을 잇기 위해서라도 조선은 소중화로서 전통을 지켜야 하며 더 나아가서는 서양 오랑캐들을 물리치고 청나라 오랑캐가 지배하는 중국에 다시 정통 유교 문화를 세워야 한다고 주장했다. 당시의 화이론에는 정통 유교 문화에 대한 숭상과 아울러 이를 조선만이 지킬 수 있다는 자부심이 함께하고 있었다. 이 시기의 대표적인 위정척사파 의병장이었던 유인석은 이렇게 이야기했다.

우리 조선에서는 여러 훌륭하신 임금님들이 대를 이어 잘 다스리셔서 사람들이 올바른 도를 따르게 되었다. 위로는 밝은 정치와 교화가 있었고 아래로는 아름다운 풍속이 있었다. 그래서 바른 도학과 높은 절의가 중국의 태평 성대였던 하나라·은나라·주나라를 능가하고, 한나라나 당나라가 견줄 수 없을 정도였다. 명나라가 망해 중국의 문물이 없어진 뒤부터는 주나라의 예절과 법도가 노나라의 공자에 의해 전해진 것과 같이, 4천 년 복희·신농의 정치와 2천 년 유학의 도가 우리나라에만 깃들어 있다.

이 글은 유교의 가르침과 이상이 중국에서는 사라지고 오직 우리나라에만 남아 있다는 자부심을 표현한 것이다. 서양 세력들이 겉으로는 국제 외교상의 조약이나 공법을 내세웠지만, 법대로 하기보다는 강력한 무기와 힘으로 우리를 침략했기 때문에 위정척사파 사람들은 문화적 자긍심을 바탕으로 저항했던 것이다.

정의의 이름으로 저항하다

무력을 앞세우고 들어온 제국주의 세력, 즉 서구와 일본은 자기들한테는 유리하고 조선에는 손해가 되는 불평등 조약을 강요해 조선의 발전을 가로막았다. 그들은 불평등 조약으로 광산 개발권, 철도 건설권, 심지어 중요한 몇몇 시장에서 장사할 권리마저 빼앗아 갔다. 조선은 눈앞에서 자신의 이익을 다른 나라에 빼앗겨야만 했던 것이다. 이제 차츰 발전하고 있던 상공업도 발붙일 곳을 잃게 되었다. 그토록 철저하게 유교 전통을 지켜 왔건만 서양 오랑캐의 무기나 상품들을 당해 낼 수 없었기 때문이다. 특히

강화도 조약 1876년 조선이 개항을 요구하는 일본의 강압 아래 맺은 최초의 불평등 조약.

개화 정책이 부분적으로 근대적 개혁에 성공했지만 외세 침략에 대해서는 근본적인 대책을 마련하지 못하는 상황에 부딪치자, 일본을 비롯한 외세와 맞서 싸우기를 강력히 주장하던 위정척사사상이 온 국민들을 단결시키는 구심점이 되었다.

이제 많은 국민들은 위정척사사상을 중심으로 단결해 그 깃발 아래 모여들었다. 양반들은 위정척사사상으로 일본을 물리쳐야 한다고 주장하면서 재산을 털어서 식량과 무기를 준비하고 의병장으로 나섰다. 이들은 병사들을 모았는데, 실제로 싸울 수 있는 사람들은 농민을 비롯해 포수, 장사꾼, 노비 등이었다. 그런데 이들 대부분은 1894년 농민 전쟁에 참여해 개혁을 주장했던 사람들이었다. 다음 장에서 자세히 살펴볼 것이지만, 1894년 신분 차별을 없애고 평등한 사회를 만들고자 했던 농민 전쟁은 일본군을 앞세운 정부군에 무참히 패했다.

이렇듯 서둘러 서로 힘을 합치긴 했지만 양반 의병장들과 농민 병사들의 생각은 너무나 달랐다. 양반들은 일본을 물리치고 옛날의 양반 세상으로 돌아가려 했다. 그러나 농민들은 일본을 무찌르고 나서 신분 차별이 없고 농사 지어 배불리 먹고살 수 있는 평등한 세상을 꿈꾸었다.

의병이 처음 일어났을 때에는 양반 출신 의병장들이 앞장을 섰기 때문에 사회 개혁보다는 외세를 막아 내는 문제만이 중요하게 여겨졌다. 그러나 점차 평민 출신 의병장들이 의병을 이끌면서 사회 개혁도 중요한 문제가 되었다. 의병 전쟁의 내용은 이제 일본의 침입을 막는 일에만 그치지 않았다. 의병들은 양반들의 세상을 유지시키는 비용인 세금을 내지 말자고 했고, 땅 주인들에게 소작료도 내지 않으려 했다. 부자들의 재산을 빼앗고, 악질 양반들을 처치하는 일까지도 있었다. 사실상 1894년 농민 전쟁 이후 농민군에서 살아남은 사람들은 그때그때의 조건에 따라 여러 가지 방식으로 투쟁을 계속했다. 양반 의병장들의 활동이 뜸했던 때에도 이들은 나름대로의 활동을 줄기차게 펼쳤던 것이다.

구한말 항일 의병 운동 구한말 외세가 침략하자 온 국민들은 위정척사사상을 중심으로 단결하여 그 깃발 아래 모여들었다. 양반들은 위정척사사상으로 일본을 물리쳐야 한다고 주장하면서 의병장으로 나섰고, 농민들과 노비들도 힘을 합쳐 의병으로 나섰다.

양반 출신 의병장들은 결국 평민들과 같은 길을 갔지만, 바라보는 목표가 달랐으므로 점차 의병장에서 물러나게 되었다. 그 뒤는 주로 새로운 개혁을 요구하는 평민들이 이어 나갔지만 미국과 영국의 원조와 지지까지 받는 일본과 맞선다는 것은 무척이나 어려운 일이었다.

위정척사파 지식인들의 삶과 철학

가끔 아버지를 따라갔던 삼촌집에도 혼자 찾아가다 보면 여러 갈래로 다른 길이 있음을 알게 될지도 모른다. 어쩌면 아버지를 따라다니던 길보다 더 빠르고 편한 길을 알게 될지도 모른다. 삼촌집에 가는 길은 아버지가 가르쳐 준 길 하나만 있는 것은 아닐 것이다.

기본적으로는 다 같이 위정척사사상을 가지고 외세와 맞섰던 위정척사파의 사람들도 걷잡을 수 없이 급박하게 변화해 가는 현실 속에서 나름대로 다양한 방법으로 당시의 어려운 상황을 풀어 나가려고 했다. 그러면서 여러 가지 방법이 연구되고 자신의 철학 안에서 폭넓은 변화를 나타내기도 했다. 이 시기의 조선 사람들은 이제 선조들이 가르쳐 준 길 이외에 다른 길이 없는지 고민해야 했다. 혹은 선조들이 가르쳐 준 길을 제대로 가고 있는지도 생각해 봐야 했다.

18세기 후반 사회에 큰 영향력을 가졌던 전통 유학자들로는 화서학파, 노사학파, 한주학파, 간재학파 등을 들 수 있다. 이제 이 학파들을 차례차

례 살펴보면서 각각의 학파가 어떤 방식으로 현실에 대응해 나갔는지를
알아보자.

리의 실현을 꿈꾸며 의병 활동을 전개한 화서학파와 노사학파

　우선 화서학파의 선비들은 그 어느 유학자들보다도 위정척사의 논리를
몸으로 실천했다. 화서 이항로는 1792년에 태어나 1868년에 77세의 나이
로 세상을 떠날 때까지, 성리학의 이상을 따르는 조선에 서구 문물이 밀려
들며 혼란으로 치닫던 시기를 똑바로 지켜보며 한평생을 살았다. 주희－
이율곡－송시열의 뒤를 잇는 정통파로 자처했던 그는 혼란한 세상 속에서
재야에 머물며 주로 학문 연구에 힘썼고 화이론을 바탕으로 한 성리학의
기틀을 지켜 내려 했다.

　이항로는 관직에 나가지 않고 재야에 있었
지만 나라의 현실을 꿰뚫어 보고 있었다. 그
는 화이론과 성리학의 윤리관을 바탕으로 서
양 문화를 몰아내려 했다. 그리고 경제적인
면에서도 우리나라의 농산품을 팔고 서양의
공산품을 사들이는 것은 우리나라에 큰 손실
을 입히는 것이라고 지적했다. 이항로는 이렇
게 말했다.

이항로　화이론과 성리학의 윤리관을 바탕으로 서양
문화를 몰아내려 했고, 그의 현실 참여 정신은 뒷날
유인석과 최익현의 의병 활동으로 이어졌다.

　그들의 물건은 손에 의해 만들어지는 것이므로
하루의 생산으로도 남음이 있다. 그러나 우리의

병인양요 병인양요는 대원군의 천주교 탄압을 빌미로 1866년에 프랑스 함대가 강화도를 침범한 사건이다. 〈갑곶진 전투〉, 전쟁기념관 소장.

것은 땅에서 생산되는 것이기 때문에 일 년 생산한 것으로도 오히려 부족하다. 부족한 것을 가지고 남아도는 것과 바꾼다면 우리가 어찌 가난해지지 않겠는가? 하루 생산을 가지고 일 년 생산을 얻는다면 어찌 저들이 넉넉해지지 않겠는가?

이러한 생각을 하면서 이항로는 나라가 어려울 때 상소를 통해 자신의 입장을 밝혔다. 1866년의 병인양요 때 프랑스군이 강화도를 점령하자 75세의 병든 몸을 이끌고 상경해 직접 상소를 올리기까지 했다. 이러한 참여 정신은 이때 함께 동행했던 김평묵金平默과 유중교柳重教에게 이어졌고, 뒷날 유인석과 최익현의 의병 활동에서 그 정점에 이르렀다.

마음은 리인가 기인가

화서학파의 위정척사론은 성리학 이론과 화이론을 두 개의 축으로 해서 이루어진다. 위에서 화이론은 문화민족으로서의 자긍심을 갖는 데 중요한 이론적 근거로서 리 중심의 성리학 이론이라고 했다. 성리학자들은 대체로 자연과 사회의 법칙인 리와 재료인 기가 합쳐져서 우주 만물이 이루어진다고 생각했다. 이때 리와 기 중에서 어느 것이 더 바탕이 되고 더 중요하다고 여기는가에 따라 입장이 많이 달라지곤 했다.

화서학파의 사람들은 기보다 리가 더 중요하다는 이항로의 이론을 따랐다. 화서학파를 비롯한 대부분의 조선 성리학자들은 리를 더 중요하게 보았다. 사실 성리학에서 기를 중시한다고 해도 리를 유난히 강조하는 다른 사람들에 비해 기를 좀 더 인정해 준다는 것뿐이었다. 기가 리보다 더 중요하다고 생각하는 성리학자는 매우 드물었다.

그런데 18~20세기 초에 서양 사람들이 들어오고 나라가 혼란스러워지자, 조선 성리학자들은 주어진 리, 즉 자연과 사회의 정해진 이치에 따르지 않았기 때문에 이런 혼란이 생긴 것이라고 생각했다. 그래서 리의 중요성을 더욱 강조하고 리를 중시하는 성리학을 더 철저하게 교육해 이 위기를 벗어나려고 했다. 이항로도 그런 사람 중의 하나였다.

이런 생각은 화서학파에 속한 사람들 모두가 찬성하는 것이었다. 그러나 이항로가 죽은 후 그의 제자들 사이에 한 가지 논란이 벌어졌다. 사람의 마음을 리와 기 중 어느 쪽에 초점을 맞추어서 설명해야 하는가의 문제였다.

물론 마음도 우주 만물 중의 하나이므로, 성리학에 의하면 당연히 리와 기의 합으로 이루어져 있다. 그러나 리를 중시하는 입장에 따르면 마음의 작용은 리의 명령을 따르는 것이고, 또 당연히 리를 따라야 하는 것이다.

그래서 '마음은 곧 리'라고 주장했다. 이항로가 바로 이런 주장을 펼쳤던 것이다.

그런데 이항로가 죽은 후 그의 제자인 유중교는 마음은 리와 기가 합쳐진 것이라고 주장했다. 마음은 당연히 리를 따르는 것이고, 또 당연히 리를 따라야 하지만 실제로 그렇게 하는 사람은 공자와 같은 극소수의 성현들뿐이다. 일반인들은 마음이 리의 순수한 원리를 그대로 따르지 못해 남을 시기하기도 하고 미워하기도 하며 남을 괴롭히면서 즐거워하기도 한다. 그래서 유중교는 마음이 곧 리라는 것은 성현들과 같은 특수한 경우에만 맞는 말이라고 주장했다. 일반

유중교 이항로의 제자로 마음이 리와 기가 합쳐진 것이라고 보았는데, 이러한 입장은 리를 더 중요하게 여긴 김평묵의 입장과 대립했다.

인들의 경우에는 마음이 곧 리와 기가 합쳐진 것이라고 보아야 함부로 마음을 쓰지 않고 조심하게 된다는 것이다.

이에 대해 유중교의 선배이자 이항로의 수제자인 김평묵이 스승 이항로의 입장에서 유중교를 비판했다. 마음도 우주 만물 가운데 하나인데 마음이 리와 기로 이루어졌음을 누가 모르겠는가. 다만 마음의 기준은 리임을 강조해야 사람들이 그 리를 그대로 따르며 착하게 살아가려고 노력할 것이 아니냐는 것이었다.

이 둘 사이의 논쟁은 유중교를 따르는 편과 김평묵을 따르는 편으로 나누어져서 계속되었다. 나중에는 개인적인 인격까지 공격하면서 거칠어졌다. 이대로 가다가는 학파가 갈라질 위험이 생기자 김평묵과 유중교는 서로의 주장을 조정해서 합의문을 만들었다. 이를 발표하면서 학파의 동료

들에게 이제 논쟁을 그칠 것을 부탁했다.

그러나 이것은 학파를 위해 서로 화해한다는 의미를 지닐 뿐이었다. 합의문의 내용을 보면 둘 사이의 의견은 실제로 합의된 것이 아니었다. 게다가 유중교는 죽을 때에 수제자인 유인석에게 그 합의문을 취소하라는 유언까지 남겼다.

사람의 마음은 어떤 것일까? 김평묵과 유중교는 모두 사람의 마음에 어떤 착한 본성이 있음을 인정했다. 물론 어떤 사람들은 착한 본성 그대로 착한 일만 하면서 살아갈 것이다. 그런데 세상을 둘러보면 나쁜 짓을 하는 사람들이 더 많은 것 같기도 하다.

'인간의 마음은 착하다.' 또는 '인간의 마음은 본래 착하지만 실제로는 착할 때도 있고 착하지 않을 때도 있다.' 이 중 어느 말을 믿고 살아야 세상 사람들이 정말로 착해지는가? 김평묵과 유중교 사이의 논쟁은 결국 이런 것이었다.

이것은 둘 다 맞을 수도 있고 둘 다 틀릴 수도 있다. 결국 생각하기에 따라 다른 것이다. 왜 이런 쓸데없는 고민을 하는가 하고 고개를 돌려 버릴 수도 있다. 그러나 왜 이 당시의 사람들이 이런 문제를 가지고 그렇게 깊이 고민했는가에 대해서는 생각해 봐야 할 것이다.

조선이라는 나라는 유교 문화를 받아들여 수백 년 동안 이어져 왔는데 이 시기에 와서는 서양 세력까지 쳐들어와서 나라가 위험에 빠졌다. 오랑캐 또는 짐승이라고 생각했던 서양 사람들이 더 발달한 문물을 가지고 와서 조선을 위협하는 것이었다.

성리학만을 유일하게 올바른 사상이라고 믿고 실천해 왔는데, 성리학 자체가 잘못된 것이 아니라면 그 성리학을 제대로 이해하고 실천하지 못한 사람들이 문제일 것이다. 당시의 위정척사파 성리학자들은 성리학이 잘못된 것이라고는 생각하지 않았다. 그들은 성리학을 종교처럼 믿고 있었다. 그렇다면 사람들은 왜 성리학에서 말하는 우주 자연 및 사회의 이치를 실천하지 못하고 나쁜 짓, 못난 짓을 저지르는 것일까?

그런 행동의 원인을 찾아 들어가면 만나게 되는 것이 사람의 마음이다. 사람에게는 우주 자연 및 사회의 이치가 있다는데 그것을 행동으로 드러내는 인간의 마음은 어떤 것일까? 이런 고민을 했던 것이다.

최익현의 죽음과 유인석의 의병 활동

나라가 위태로워지자 성리학자들은 어떻게 행동하는 것이 옳은지 고민했다. 그리고 그들의 고민은 다양한 실천으로 드러났다. 살신성인의 정신으로 일본의 침략에 맞서 싸우기도 했고, 오랑캐가 지배하는 현실을 거부하고 먼 곳으로 떠나 성리학의 도리를 지키기도 했으며, 현실 정치에 적극적으로 참여하기도 했다.

최익현은 이항로, 김평묵, 유중교, 유인석 등과 달리 관직에 나가 활동을 했다. 그는 같은 위정척사의 입장에 있던 대원군을 지지하기도 했지만, 자신의 뜻과 맞지 않자 대원군의 잘못을 날카롭게 비판하는 상소문을 올리고 사임했다. 1876년 병자 수호 조약 때는 도끼를 가지고 궐문 앞에 엎드려 일본과의 관계를 끊기를 요구하는 상소문, 즉 〈척화소〉를 올리기도 했다.

대마도로 끌려가는 최익현 1906년 약 400명의 의병을 이끌고 관군과 일본군에 대항해서 싸웠으나 패전하여 일본 대마도로 끌려갔다. 그곳에서 오랑캐의 음식을 먹을 수 없다면서 단식하다가 죽음을 맞이했다.

1895년 제1차 의병이 일어나자 정부에서는 유학자들 사이에 존경을 받고 있던 그에게 의병들을 설득해 달라고 했지만 거절했다. 의병들의 뜻이 옳다고 여겼기 때문이다. 다만 이 시기까지 그는 아직 의병 전쟁에 나서지 않고 외교적인 방법을 통해 조선의 독립을 유지해 보려고 했다. 하지만 1905년 을사 보호 조약이 맺어지고 외교의 방법이 아무런 소용이 없음을 깨닫게 되자 선비들이 힘을 모아 의병을 일으키면서 그를 의병장으로 모셨다. 준비도 제대로 되지 않았고 군사적인 능력도 별로 없는 재야 유학자로서는 강력한 의병을 구성할 수가 없었다. 그러나 최익현은 실질적인 전투 능력보다는 '신하는 자기 직분을 다할 뿐이지 죽고 사는 것은 깊이 생각하지 않는다.' 라는 명분에 따랐다.

그는 일본군이 관군과 함께 공격해 오자 일본군과는 싸울지라도 같은 동포인 관군과는 싸울 수 없다고 하며 싸움을 멈추었다. 동포를 칠 수 없는 마음이야 충분히 이해가 되지만, 이때 관군은 이미 일본의 수중에 넘어가서 일본 군대나 마찬가지였다. 어떻게 행동하는 것이 옳은지 참으로 판단하기 어려운 시기를 살았다고 하겠다.

그의 의병군은 곧 흩어졌고, 최익현은 제대로 싸우지도 못하고 대마도에 잡혀 간 후 일본 사람들의 음식을 거부하고 단식을 하다가 병들고 몸이 약해져서 죽음을 맞이했다. 그러나 최익현의 저항과 죽음은 시대 변화를 거스르는 헛되고 무의미한 것이었을까? 누구도 그렇다고는 생각하지 않을 것이다.

유인석은 이보다도 더욱 적극적인 투쟁을 벌였다. 나라가 위태로워지자 그의 제자들은 그를 의병장으로 받들고 의병을 일으키려고 했다. 그러나 그는 양어머니가 돌아가신 지 얼마 되지 않아서 의병에 나서지 못하고 있었다. 그래서 그의 제자들 중에는 먼저 의병을 일으키는 사람도 있었다.

그러나 1895년 일본 사람들이 명성 황후를 살해하는 일이 벌어지고 상투를 자르라는 단발령이 내려지자, 드디어 유인석은 사람들을 이끌고 의병 전쟁에 나섰다. 상투를 자르는 것이 뭐 그리 중요한 일이냐고 반문할 수도 있지만, 머리를 자르지 않는 것은 부모님이 물려주신 소중한 몸을 온전히 지키고 산다는 것을 상징하는 것이었다. 이는 오랫동안 지켜 온 우리 전통문화의 하나였다. 따라서 단발령은 조선 사람들에게는 전통과의 단절이자 일본의 근대적 억압에 대한 굴욕적인 순종으로 받아들여졌다.

유인석 명성 황후가 살해되고 단발령이 내려지자 우리 전통을 지키고 일본의 억압에 대항하기 위해 의병을 이끌고 전쟁에 나섰다. 만주와 연해주 지역으로 망명해서도 항일 의식을 고취시키려고 노력했다.

　명성 황후 살해 사건과 단발령을 계기로 한 의병 활동은 의병들의 사기도 높고 주위의 사람들도 적극적으로 후원하여 대단히 큰 성과를 거두었지만 시간이 지날수록 일본군의 군사력에 밀리게 되었다. 맨손으로 일어선 의병이 현대식 무기를 가지고 잘 훈련된 군사를 맞아 싸우는 것은 사실상 어려운 일이었다.

　유인석은 당장 싸움에서 승리하는 것은 불가능하다고 판단하고 장기적인 독립 투쟁 기지를 세우려고 계획했다. 그래서 북쪽으로 계속 올라가 요동 지역까지 갔다. 그러나 그곳에서는 도리어 일본과의 관계가 잘못될까 두려워하는 중국 사람들 때문에 무기를 다 버려야 했다. 유인석은 결국 그곳까지 그를 따라온 의병 219명을 해산했다. 그 후 유인석은 만주와 연해주의 한인촌에 머물기도 하고 황해도·평안도 및 강원도·충청도 지방까지 왕래하며 화이론을 바탕으로 사람들의 항일 의식을 높였다.

　그러면서도 장기적인 독립 투쟁 기지의 건설은 포기할 수가 없었다. 국

의병 활동에 불을 지핀 단발령 단발령은 1895년에 을미개혁의 일환으로 상투 풍속을 없애고 머리를 짧게 깎도록 한 조치인데, 이를 계기로 의병 활동이 확신되었다. 사진은 상투 자르는 모습.

내에서 쫓겨 온 의병들이 연해주에 모여들었고, 유인석은 이상설, 이범윤 등과 함께 '십삼도의군'을 만들었지만, 십삼도의군이 미처 무력 투쟁을 시작해 보기도 전에 경술국치를 맞이했다. 유인석은 여기서 포기할 수 없었다. 만주·연해주 지역 한인들의 뜻을 모아 '십삼도의군 도총재'이자 '대한일반인민총대'로서 전 세계에 경술국치가 잘못된 것임을 알리는 글을 보냈다.

리를 중시한 노사학파

노사蘆沙 기정진奇正鎭도 역시 관직에 나아가지 않고 재야에서 성리학을 연구하며 그에 따라 수양을 하던 사람이었다. 그는 6세 때 한쪽 눈을 잃었는데, 당시 사람들 사이에서는 "서울의 눈 만 개가 장성의 외눈 하나만 못하다."라는 말이 전해질 만큼 사람들의 존경을 받았다. 그의 명성이 높아지면서 계속 벼슬이 내려져 그 직책이 말년에는 호조 참판에까지 이르렀지만 그가 벼슬에 나아간 것은 그의 나이 45세 때 6일간뿐이었다.

그렇다고 해서 성리학 책만 붙들고서 현실의 문제를 외면하고 있었던 것은 아니었다. 성리학의 궁극적 목표는 결국 성리학의 이상대로 나라를 잘 다스려 사람들이 잘살게 하는 것이기 때문이다. 그래서 기정진 역시 학문 연마에 온 힘을 쏟으면서도 당시의 현실을 올바로 이해하려고 노력했다.

기정진은 리가 모든 것을 결정한다고 할 만큼 리를 중요시했는데 이렇게 리를 특별히 강조한 사람은 성리학자들 중에서도 기정진이 처음이었다. 기정진은 왜 이토록 리만을 강조했을까?

기정진의 생각을 따르면 고양이가 고양이도록 하는 원리는 본래 리 안에 있다고 한다. 고양이의 본성에 따라 날쌔게 쥐를 잡도록, 리는 기를 모여들게 해 날카로운 이빨과 발톱, 탄력 있는 근육 그리고 늘씬한 몸매를 만들었다. 이렇게 만들어진 고양이는 본성에 따라 쥐를 잡는다. 고양이가 날랜 몸을 가지고 쥐를 잡는 것은 애초부터 자연의 이치에 따른 것이다. 수탉이 우는 것도, 장미가 향기를 풍기는 것도 마찬가지겠다. 이러한 원리를 사람들의 세상에서도 생각해 볼 수 있다. 성리학에 의하면 신하가 임금을 섬기고 자식이 아버지를 모시는 것은 사람의 본성에 따른 것으로 이 본성은 본래부터 우주의 이치에 정해져 있는 것이다.

사람의 본성은 똑같지만, 평민이나 천민이 양반을 섬기고 양반이 그들을 다스리는 것은 역시 하늘에서 정해졌다는 것이다. 오랑캐는 오랑캐고 소중화는 소중화일 수밖에 없는 것도 리에 의해 애초부터 정해졌다고 보았다. 물론 유교 문화를 따르면 좀 더 인간다운 삶을 누릴 잠재력은 누구나 갖고 있다고 주장한다. 하지만 오랑캐가 중화가 되고 천민이 양반이 되는 것은 보통 어려운 일이 아닐 것이다. 이렇게 보면 인간이란 성리학에서 말하는 인간의 본성을 따르며 살아야 한다. 신하는 임금을 섬기고, 자식은 아버지를 섬기고, 아내는 남편을 섬기는 것이 인간의 본성이라는 것이다.

사회에서는 주어진 직업에 따라 자신의 역할을 다하는 것이 또한 인간의 본성과 자연의 이치에 따라 인간답게 사는 것이다. 이렇게 하지 않는 인간이란 진정한 인간이 아닌 오랑캐나 짐승이라고 한다. 기정진은 성리학에서 말하는 이러한 사회 질서를 제대로 지키지 않았기 때문에 사회의 위기가 다가왔다고 생각했다. 인간이 어떻게 살아야 하는가는 처음부터 정해져 있는 것이고 이를 따르지 않는다는 것은 인간이기를 포기하는 것이다.

기정진의 이런 생각은 성리학의 이상을 적극적으로 실현해 나가는 데는 매우 좋은 방법이다. 그러나 성리학의 이상이 언제나 옳은가에 대한 고민이 없이 이렇게 믿고 실천하려 한다면 시대의 변화를 받아들이지 못할 위험에 빠지고 만다. 신하가 임금에게 충성하는 것이 언제나 옳은 일일까? 아내는 언제나 남편의 말을 따라야만 하는가? 사상이 시대의 변화를 직시하지 못한다면 사상의 생명력을 잃게 된다. 아무리 훌륭한 이상이 있다고 해도 현실의 변화를 적극 받아들이고 그에 대해 대응하지 않는다면, 한갓 개인의 미련한 믿음으로 남을 수 있는 것이다.

물론 이런 위험성은 다른 성리학자들도 마찬가지로 안고 있는 것이지만, 우주의 이치인 리 속에 온 세상의 갖가지 원리가 갖추어져 있다고 주장하는 기정진의 위험성은 더욱 큰 것이다. 기정진은 전통 성리학을 강화해 외세의 침입에 대응하려 했지만, 결국 실패하고 말았다. 이는 이러한 변화를 소화해 내지 못했기 때문이 아닐까?

기정진은 농민 전쟁이 일어나는 원인에 대해 깊이 생각해 보며 개혁안을 내놓기도 하고 당시 양반들의 잘못된 점들을 비판하기도 했다. 그는 성리학 국가인 조선이 심각한 어려움에 부딪치게 된 것은 결국 리의 이치대로 사회와 국가가 움직이도록 인간이 제 역할을 제대로 못했기 때문이라고 생각했다. 또한 구체적으로 당시에 나라에서 힘써야 할 일을 여섯 가지로 정리해 제시하기도 했다. 민심을 수습하고, 인재를 등용하며, 정치를 개혁하고, 외국인에 대한 대비를 하고, 군대를 정비하고, 지형을 잘 익히는 등 준비를 해 두라는 것이었다. 1866년 프랑스에 의한 강화도 함락(병인양요) 소식을 접하고는 의병을 일으키려고도 했고, 1876년 병자 수호 조약이 맺어지자 더 이상 글을 쓸 수 없다고 붓을 놓기도 했다.

이러한 그의 의리 정신은 그 후학들에게 이어졌다. 그의 친손자인 기우만은 의병을 일으켜 호남 의병장으로 활약했다. 제자인 정재규 등도 의병을 일으키려고 하다가 준비가 안 되자 후학을 기르며 일제의 회유와 압력에 대항한 곧은 선비였다. 이들의 힘으로 기울어 가는 나라를 다시 세울 수는 없었지만, 이들은 우주의 이치에 따라 성리학의 이상대로 실천하며 살려고 마지막까지 노력했던 선비들이었다.

애국계몽 운동으로 나아간 한주학파

마음은 리다

한주 이진상은 성리학자로서 성리학의 이론 탐구와 수양을 바탕으로 하면서도 사회 전반의 문제에 대해서 적극적인 관심을 가졌다. 사회 폐단의 근본적인 문제점들을 지적하고 제도의 개선 방안을 제시하기도 했다. 그러나 그의 학문은 여전히 엄격하게 전통적인 성리학의 방법을 이어 나갔다.

이진상 학설의 특징은 기정진에 못지않을 만큼 리를 강조한 데 있었다. 예를 들어 삼촌께서 차를 몰고 오셨다고 하자. 겉보기에는 차가 온 것 같지만 사실은 삼촌께서 운전하시는 대로 차가 굴러 왔다. 물론 차가 없이 걸어오셨다고 한다면 거짓말이다. 하지만 이 일을 보고 "삼촌께서 오셨다."라고 하면 되지, "삼촌의 차가 왔다."거나 "삼촌께서 차와 함께 오셨다."라고 말할 필요는 없다는 것이었다. 기가 없는 것은 아니지만, 리만 이야기하면 되지 굳이 기까지 이야기하지 않아도 된다는 말이다.

이진상 정통 성리학의 입장을 지키며 리를 중심으로 사회 폐단의 근본적인 문제점들을 해결하고자 했고, 백성들을 위한 제도 개선의 방안을 제시했다.

고양이가 쥐를 잡는 것도 태어날 때 받았다는 본성이 그렇게 한 것이고 고양이의 발톱이나 이빨은 그 본성의 명령을 따랐을 뿐이라고 한다. 수탉이 새벽에 우는 것도, 장미가 짙은 향기를 풍기는 것도 그 본성에 따른 것이다. 그래서 본성인 리가 중요하다는 것이다. 기는 이야기해도 그만, 안 해도 그만이라는 것이다. 이진상의 생각은 바로 이런 것이었다. 모든 것은 주어진 자연의 이치인 리에 따른 것이므로 그 이치만 이야기하면 된다는 것이다.

이진상은 이 문제를 주로 마음과 관련시켰다. 우주 만물의 하나인 마음은 당연히 리와 기의 합이지만 마음 안에 담긴 본성이 바로 우주의 이치인 리다. 그래서 화서학파와 노사학파 역시 마음의 본성이 리라고 했다. 유중교는 리의 순수한 성질이 기의 방해를 받아 제대로 드러나지 못하는 경우가 많으므로 마음은 결국 리와 기의 합이라고 했다.

그러나 다음에 살펴볼 간재艮齋 전우田愚는 마음을 본성과 구별해 기라고 했다. 잘 생각해 보면 기로 만들어진 우주 만물은 어느 것 하나도 리에 의한 것이 아님이 없다. 마음도 역시 리의 명령을 받아서 작용한다. 이것을 생각한다면 '마음이 곧 리'라는 것도 맞는 말이다. 이것이 이진상의 주장이다. 삼촌의 차가 문 앞에 온 것을 보고 "삼촌의 차가 왔다."라고 한다거나, "삼촌께서 차와 함께 오셨다."라고 하기보다는 "삼촌께서 오셨다."라고 말하는 것과 같은 이야기다.

마음을 리라고 하든, 기라고 하든, 아니면 리와 기의 합이라고 하든 이 것은 모두 어느 관점에서 마음을 바라보는가에 달려 있다. 여러 관점 중에서 자신이 생각하기에 옳다고 판단되는 것을 선택하는 것이다. 때문에 어느 한 사람의 생각만 맞다고 결정 내릴 수 있는 문제는 아니다.

이진상은 왜 이런 관점을 선택했을까?

조선 성리학자들은 대체로 기보다 리가 중요하다고 여겼다. 리와 기는 실제로 떨어질 수 없는 것이지만 눈에 보이는 겉모습과 그것을 움직이는 원리를 나누어 생각해 본 것이다. 그러고는 겉모습보다는 그것을 움직이는 원리가 더 중요하다고 생각했다. 차의 성능도 우수하다면 더 좋겠지만 차보다는 차를 운전하는 사람이 중요하다는 것이다. 아무리 세상이 혼란스럽고 험악해도 각자가 부모님께 효도하고 웃어른을 공경하며 형제 친척들과 사이좋게 지내는 원리만 지켜진다면 아름답고 평화로운 사회가 이루어진다는 것이다.

그런데 이렇게 노력해 왔는데도 세상은 더 어지러워져서 서양과 일본 오랑캐까지 와서 나라를 망치니 어떻게 된 일인가? 같이 휩쓸려 갈 수밖에 없는 것일까? 이를 막을 수는 없을까?

이전에도 대부분의 성리학자들은 기보다 리가 더 중요하다고 주장해 왔지만 실제로 세상에서 모든 일이 일어나는 이유를 기로 돌렸던 것은 아닐까? 왜냐하면 리는 본래 순수하고 착하다고 하는데, 어떤 기와 결합하는가에 따라 잘난 사람이 되기도 하고 못난 사람이 되기도 한다고 설명해 왔기 때문이다. 이것은 세상의 모든 것은 리에 의해 이루어지는 것이라고 말하면서도 잘못되면 그것은 결국 기의 탓으로 돌려 버리는 것과 같은 것이다.

당시의 혼란한 상황에서 성리학을 더 열심히 가르쳐서 나라를 바로잡으려 했던 성리학자들은 이와 같은 생각에서 리를 강조했을 것이다. 그 중에서도 이항로나 기정진, 그리고 이진상은 특히 모든 변화와 작용이 결국 리에 의해 이루어짐을 명심하고 그 리를 잘 이해하고 실천하도록 노력하기를 바랐다. 그리고 이들은 이러한 리의 강조를 마음으로 연결시켰다. 성리학자들은 마음을 리와 본성이 현실에서 실현되도록 하는 통로라고 생각했기 때문이다.

이진상의 활동

이진상은 이상과 같은 그의 성리학설을 잘 정리해서 자신의 철학을 만들었다. 그리고 성리학 이론이나 윤리에만 관심을 가진 것이 아니라 현실 문제에도 많은 관심을 기울였다.

그는 사회의 폐단을 파헤쳐서 지적하고 교육 문제나 행정 기구, 군사 제도 등에 관해 검토하고 개선 방법을 제안했다. 또한 일본 영사관을 찾아가 당당하게 그들을 꾸짖기도 하고 물물 교환 시장을 직접 둘러보며 세상의 흐름을 체험해 보았다.

이진상은 이렇게 성리학의 정신으로 무장하고 직접 현실과 맞부딪쳐서 해결책을 모색해 보고자 했다. 그러면서도 그 해결 방법은 결국 성리학의 도리를 잘 실현하는 것이라고 생각했다. 이진상의 학문 태도와 삶에서 드러나는 적극적이고 합리적인 성품은 그의 제자들에게서 더 분명하게 나타난다.

파리 장서 사건을 일으킨 곽종석

면우_{俛宇} 곽종석_{郭鍾錫}은 성리학에 대해 나름대로 깊이 연구한 후에 자신의 생각을 정리해 이진상을 찾아갔다. 이때 곽종석의 나이는 25세였고 이진상은 그보다 28세나 많았다. 그런데 이 둘은 처음 만난 자리에서 성리학에 관해 이야기하다가 서로 무릎이 맞닿아도 모를 정도로 뜻이 통했다. 이때부터 곽종석은 이진상의 제자로서 공부를 계속했고 이진상도 그를 남달리 아껴 주었다. 곽종석은 이렇게 이진상의 철학을 계승하면서도 현실의 변화와 새로이 밀려오는 서구 문물에 대해 관심이 깊었다.

곽종석은 화서학파의 면암 최익현과 의암 유인석 등에게서 의병에 참여하라는 요청을 받았지만 이를 모두 거절했다. 이 때문에 사람들에게서 비난을 받기도 했다. 그러나 곽종석은 자신이 의병 활동에 직접 참여하기를 거절하는 이유를 몇 가지 들었다. 우선 자신은 군대도 거느리고 있지 않은 선비이고 지금 모아 놓은 의병이라는 군대는 오합지졸에 불과하다는 점, 싸워야 하는 적군이 바로 같은 조선 사람인 관군이라는 점, 임금과 관리가 따로 있는데 만약 선비나 평민들이 함부로 나서서 나라의 질서를 망치면 오히려 일본이 침입할 여건을 마련해 줄 수 있다는 점, 농민들에게 도리어 해를 줄 수 있다는 점 등이 그 이유였다. 이기고 지는 것이나 죽고 사는 것이 문제가 아니라 단지 도리를 따를 뿐이라며 의병으로 나섰던 선비들에 비해 곽종석은 현실의 여건을 많이 고려한 셈이었다.

그러나 곽종석이 의병에 나서지 않았다 하더라도 나라의 위태로움을 못 본 체하고 있었던 것은 아니었다. 그는 일찍이 서양 문물에 관심을 기울였고, 만국 공법에 의거해 독립을 지키려는 노력을 기울였다. 그런 노력은 파리 장서 사건으로 나타났다. 그는 1919년에 일본의 만행을 규탄하고 조선 독립의 의지를 밝힌 글을 써서 유림 대표 137인의 서명을 받은 뒤 파리 장서를 해외로 보내려다가 감옥에 갇혔다. 그 후 감옥에서 병을 얻어 생명이 위험해지자 풀려나긴 했지만, 감옥에서 나오자마자 곧 사망하고 말았다.

곽종석은 이진상 아래에서 성리학으로 공부를 시작했지만 시대의 변화를 보면서 서양의 역사, 문화, 민주주의, 기독교 등 여러 분야에 걸쳐 관심을 가졌고 이를 소화해 내려 했다. 비록 목숨 걸고 의병에 참가해 총칼을 들고 싸우지는 않았지만 세계를 새롭게 이해하고, 이를 바탕으로 한 외교적인 방식으로 조선의 독립을 지켜 내려 한 것이었다.

공자교 운동을 한 이승희

이진상의 제자이자 아들인 한계韓溪 이승희李承熙는 서양 문명의 지주인 기독교와 맞서기 위해서는 동양의 종교가 필요하다는 생각을 하고 공자교 운동을 벌였다. 서양은 기독교 정신으로 단결해 서양의 문명을 세웠는데, 그들의 침입 앞에서 힘 없이 당하기만 하는 우리는 그에 대항할 만한 정신적 단결력이 약하다는 것이었다.

물론 성리학의 가르침이 있고 이승희 자신도 아버지 이진상의 성리학설을 따르지만, 천주를 중심으로 뭉치는 서양 사람들과 맞서려면 성리학과 유학도 기독교처럼 강력한 종교로 만들어야 한다고 생각했다. 그래서 그는 유교 교육과 사회 제도를 개선해 이상적인 유교 사회를 다시 튼튼하게 세우려고 했다.

이승희는 1908년에 망명한 후 블라디보스토크와 중국 지역에서 한인촌을 세우고 활발히 활동하며 유교를 바탕으로 한인 사회를 이끌어 나갔다. 그리고 당시에 중국 등지에서 활동을 하던 조선 사람의 존경을 받으며 시대의 스승으로 일생을 마쳤다.

도도히 도를 지킨 간재학파

마음은 리가 아니고 기다

간재 전우는 1841년에 태어나 1922년에 사망했다. 구한말의 격동기를 다 체험하고 한일 합방을 지켜 본 후에도 12년이나 더 산 셈이다. 그는 이 시기의 선비가 할 수 있었던 또 하나의 삶의 모습을 보여 주었다. 간재학파는 현실 문제에 대해 참여하고 비판하기보다는 이미 타락한 세상을 멀리하고 후세에 도를 전하는 길을 선택했다.

이 시기에 성리학의 흐름은 대체로 기보다는 리를 강조하는 편이었다. 앞에서 이야기한 세 학파는 모두 리를 강조하면서 당시의 학계를 이끌었다. 이에 비해 간재학파는 기를 강조했다. 물론 조선 성리학에서는 리가 기를 좌우하는 원리라는 점이 언제나 기본이다. 다만 간재학파는 다른 세 학파에 비해 기의 의미를 조금 더 강조했다는 것이다.

성리학에서 마음은 무엇인가? 우주 만물 중의 하나다. 그러므로 마음도 당연히 원리인 리와 재료인 기가 합쳐져서 만들어졌다. 그런데 마음에는 본성이란 것이 있다고 한다. 본성이란 우주에 두루 통하는 원리인 리가 사물 속에 들어와 그 사물의 특성을 갖도록 하는 것이다. 사람의 경우에는 마음속에 들어 있으므로 마음속에 있는 리라고 할 수 있다. 그 리를 제외하면 나머지는 기다.

그러면 본성과 마음의 관계는 어떻게 될까? 본성이 리라면 마음은 기다. 그런데 본성은 마음 안에 있으므로 마음이 곧 리와 기의 합이라고 할 수도 있다. 그런데 마음이 제 역할을 하는 것은 리의 원리에 따른 것이므로 마음을 리라고 해도 된다. 앞에서 말했지만 삼촌께서 차를 몰고 우리 집에 오셨을 때 "삼촌의 차가 왔다."거나 "삼촌께서 차와 함께 오셨다."라

전우 동학 농민 봉기와 일제를 비롯한 외세의 침략 등 혼란스런 주위 환경에서도 그에 휘말려 헛되이 목숨을 버리기보다는 도리를 후세에 전하는 것이 더 낫다고 주장했다.

고 해도 틀린 말은 아니지만, 그냥 "삼촌께서 오셨다."라고 하면 된다는 것과 같은 이야기다.

그러나 다시 생각해 보자.

붕어빵은 붕어 맛으로 먹는가? 붕어빵에는 붕어가 없다. 그런데 우리는 왜 붕어빵을 먹는가? 물론 맛있으니까 먹는다. 붕어 모양이 맛있는 것이 아니라 모양은 없지만 안에 있는 단팥이 맛있는 것이다. 붕어빵의 맛은 아무래도 그 단팥이 결정짓는다. 하지만 붕어 모양이 없으면 붕어빵이 될 수가 없다.

그러면 붕어빵을 마음이라고 생각해 보자. 그리고 붕어빵의 밀가루는 기, 단팥은 리라고 생각해 보자. 붕어빵은 단팥과 밀가루의 합으로 이루어졌다. 이렇게 보면 마음은 기와 리의 합이다. 붕어빵의 맛이 단팥에 달려 있다면 중요한 것은 단팥이므로 마음은 곧 리라고 할 수도 있을 것이다. 붕어빵의 맛은 단팥에 달려 있지만 붕어빵의 모양은 밀가루로 만든다. 똑같은 단팥으로 만들었더라도 국화빵을 가리켜 붕어빵이라고 부르지는 않는다. 그러면 단팥은 제외하고도 붕어빵의 겉모양만 가리켜 '붕어빵'이라고 할 수도 있다. 리를 떼어놓고 '마음이 곧 기다.' 라고 할 수 있다는 것이다. 이항로, 기정진, 이진상은 마음이 곧 리라고 주장했고, 이항로의 제자 중에서도 유중교, 유인석 등은 마음이 리와 기의 합이라고 했다.

마음이 곧 리라고 하는 이유는, 누구의 마음에나 다 우주의 원리가 있으므로 이 원리가 잘 드러나도록 자신감을 가지고 수양을 잘하라는 것이었다. 마음이 리와 기의 합이라고 말하는 까닭은, 마음속에 있는 우주의 원리(리)가 현실의 상황(기)에 따라 제대로 드러나지 못하는 경우가 많으므로 수양을 게을리 하지 말라는 것이었다.

그런데 전우는 본성은 리고 마음은 기라고 했다. 그리고는 마음을 리라고 했던 사람들의 생각을 비판했다. 본성은 우주의 원리인 리가 기 속에 들어 있는 것이고 마음은 바로 리가 담겨 있는 기의 덩어리라는 것이다. 그는 본성은 스승이고 마음은 그를 따르는 제자와 같다고 한다. 제자는 스승을 따라야 한다는 것이다. 또한 본성은 귀하고 마음은 천하므로 천한 마음이 귀한 본성을 따라야 한다고 주장한다. 기와 혼동되지 않는 순수한 본성을 존중해 잘 드러나도록 해야지, 리인 본성과 리가 있는 장소인 마음을 함께 가리켜 리라고 한다면 그 본성의 순수성을 더럽힐 우려가 있다는 것이다.

이렇게 본다면 전우 역시 앞의 다른 사람들과 마찬가지로 우주의 원리인 리가 이 세상에 잘 드러나도록 해서 세상을 바로잡으려 한 것이다. 다만 그렇게 하기 위해서는 리, 즉 본성을 인간의 마음(기)과 분명하게 구분하는 것이 더 좋겠다고 생각했던 것이다.

혼자서라도 도를 지킨다

전우가 왜 이렇게 생각했을까? 그가 당시의 어려운 시절에 어떻게 살았는지를 살펴보면서 추측해 보자.

전우는 이 시절에 선비들이 할 수 있었던 '세 가지 방식' 중 '먼 곳으로 떠나 성리학의 도리를 지켜 나가는 방식'을 택했다. 그는 원래부터 관직에 나가지 않고 성리학을 공부하며 제자들을 가르치고 있었다. 그가 보기에도 서양 사람들이나 일본 사람들이 조선에 와서 설쳐 대며 나라를 빼앗으려는 것은 나라를 망치고 성리학의 도리를 거스르는 일이었다. 그러나 눈앞의 도리를 지키겠다고 총칼 앞에서 헛되이 목숨을 버리기보다는 차라리 열심히 공부하고 수양해 도리를 후세에 전하는 것이 더 낫다고 주장했다.

전우는 당시에 매우 존경받는 선비였기 때문에, 성리학의 도리와 나라를 위해 일어난 선비들이 그에게도 함께 행동할 것을 권했다. 그러나 그는 결코 나서지 않았다. 1894년 갑오농민전쟁 때 그의 태도를 생각해 본다면 그의 이런 행동은 이상한 것이 아니었다. 1894년에 농민 전쟁으로 온 나라가 혼란할 때에도 그는 다음과 같이 말했다. "동학에도 관심이 없고 서학에도 관심이 없다. 사는 것도 묻지 않고 죽는 것도 묻지 않는다. 오직 옳은 도의만을 따르겠다." 세상이 아무리 어지러워도 자신은 흔들리지 않고 오직 도리만을 지키겠다는 것이다.

그렇다고 해서 세상에 무관심한 것만은 아니었다. 나라가 위태로워지자 상소문을 올려 나라를 바로잡을 것을 요구했고 나라를 팔아먹은 매국노들을 처단하고 잘못된 조약을 취소할 것을 주장했다.

그러나 관직의 부름도, 동학의 봉기도, 일제의 침입도, 그에게는 스스로 도리를 지키고 그 도리를 후세에 전하는 일보다 중요하지 않았던 것 같다. 환경에 의해 흔들리지 않고 오직 올바른 도리만을 깨달아 그것을 그대로 간직하는 일, 그것은 바로 마음속에 있는 우주의 원리, 즉 본성만을 순수하게 그대로 간직하고 따르겠다는 것과 같을 것이다. 마음을 기라고 하고 본성만을 따로 떼어 리라고 했던 그의 철학이 현실에서 바로 이렇게 드러난 것이 아닐까?

전우는 1895년부터 혼란한 세상을 떠나 섬으로 들어갈 계획을 세웠다.

1895년은 일본 사람들이 명성 황후를 살해했고 나라에서 단발령이 내려지자 제1차 의병 운동이 일어났던 해다. 그는 1908년 마침내 몇몇 제자들과 함께 서해의 섬 계화도로 갔고 그 후에는 섬들을 떠돌면서 끝내 육지를 밟지 않고 세상을 떠났다.

왜놈이 다스리는 땅에서는 살지 않겠다는 그의 의지는 어찌 보면 철저한 항일 정신을 실천한 것이라고 할 수도 있다. 그러나 당시는 온 민족이 목숨을 걸고 힘을 합쳐도 조선의 독립을 지키기 어렵던 시기였다. 더구나 그는 사람들에게 큰 영향력을 가진 지도급의 인물이었다.

그런데 면암 최익현이 함께 의병을 일으키자고 한 권유도, 파리 장서를 만드는 데 참여하라는 곽종석의 제안도 매정하게 거부했다. 파리 장서란 세계인들에게 우리의 독립 의지를 밝히고 일본의 잘못을 공개하는 내용을 담은 글이었다. 조국의 독립을 위해 조선의 지도급 인사들이 모두 함께 문서를 만들고 서명을 해 세계인들에게 알리자는 것이었다.

이러한 취지의 파리 장서에 참여하기를 거부했다는 사실은 당시의 유학자들 사이에서도 비난의 대상이 되었다. 또한 후대에는 이러한 점을 들어 전우를 '썩은 유학자'라고 혹평하기도 한다. 하지만 그의 제자들은 스승의 뜻을 이어 학문에만 전념했고, 이 때문인지 당시의 학파 중 가장 많은 사람들이 현재까지 맥을 잇고 있다.

3장 위정척사사상의 역사적 의의

재야의 선비들

지금까지 전통 유학자들의 철학과 삶을 살펴보았다. 이 전통 유학자들에게서는 몇 가지 공통점을 찾아볼 수 있으니 이것이 바로 이들 유학자들을 모두 위정척사파라고 부르는 이유가 될 것이다.

이들은 우선 재야의 선비들이었다. 화서 이항로, 노사 기정진, 간재 전우, 한주 이진상은 모두 관직에 나가지 않고 유학의 도리를 공부해 그것을 제자들에게 가르치면서 후세에 전하고자 했다. 최익현처럼 관직에 나간 사람이 전혀 없는 것은 아니지만, 관직에 나가서 출세하기보다는 대체로 재야에서 끝까지 성리학의 도리를 지키고자 했다.

조선 시대에 선비들은 크게 두 부류로 나뉜다. 한 부류는 정치에 참여해 나라를 다스렸고, 또 다른 부류는 관직에 나가지 않고 재야에서 성리학의 도리를 지키다가 나라가 잘못되어 가는 듯하면 이를 비판하면서 나라의 방향을 바로잡아 주었다. 현실에서의 대응 태도는 달랐지만 이들은 모두 왕을 중심으로 하여 성리학의 이상대로 나라를 만들어 가고자 하는 같은 뜻을 가지고 있었다.

하지만 당시 정권에 참여하고 있던 많은 사람들은 개화의 물결이 대세 임을 인정하지 않을 수 없었다. 이들은 왕의 권위와 정권을 위태롭게 하지 않는 한도 내에서 어느 정도의 개화를 추진하고 있었다. 이것은 나라의 경영을 직접 맡고 있는 사람으로서는 당연한 일이었을 것이다. 국민들이 신분 제도나 토지 제도 등의 변화를 간절하게 바라고 있는데 이를 따르지 않는다면 정권이 위험해지기 때문이다. 또 빨리 변화를 몰려드는 외세와 맞설 수 있었다.

그러나 시대의 변화를 소화해 낼 수 없었던 이 시기의 정치가들은 농민들의 요구를 따르지 못했다. 그들은 연이은 농민 전쟁을 겪으면서 외세보다는 백성들의 힘에 더 두려움을 느꼈다. 이제 정권을 유지하기 위해서라면 외세하고라도 손을 잡으려 했다.

그러나 재야에서 바라보면 그런 모습은 너무도 위태로운 것이었다. 재야의 선비들은 백성들의 불만을 보다 가까이서 느낄 수 있었다. 물론 이들은 왕을 중심으로 한 불평등한 조선 사회를 계속 유지하려고 했다. 그러나 서양과 일본의 침략과 부패한 관리들의 횡포를 눈앞에서 바라보며 백성들과 함께 외세와 맞서게 된 것이었다. 이 유학자들에게는 실제로 정권을 유지하는 일보다는 유교의 이상이 더 소중한 것이었고, 성리학의 이상이 보존되면 나라는 자연히 다시 안정되리라 믿었기 때문이다.

성리학의 이상을 지키는 것만이 옳은가

이들의 무기는 무엇보다도 성리학에 대한 신념이었다. 이들 사이에 쟁점이 되었던 성리학의 주제는 주로 '마음'의 문제였다. 성리학자들에게서 마음이란 우주와 자연의 진리를 깨닫고 이를 생활 속에서 실천해 나가는 중심이다. 그리고 자신의 행위에 대해 반성을 하기 시작할 때 최초로 마주하게 되는 거울이기도 하다. 이들은 리와 기, 본성과 감정 등에 관한 선배 학자들의 탐구를 바탕으로 해서 이 시기의 험난한 현실 속에서 어떻게 살아 나가야 하는가의 문제에 대해 고민했다.

성리학자들은 우주 자연에는 우주 자연을 움직이는 도리가 있으므로 사람들은 이 도리만 따르며 살면 된다고 믿었다. 그런데 인간의 역사를 돌아보면 평화로운 시절보다는 서로 싸우고 혼란한 시절이 더 많았다. 게다가 19세기 후반과 20세기 초의 이 시기는 나라의 운명이 바람 앞의 촛불처럼 위태롭던 때였다. 그래서 성리학자들은 현실의 인간들이 왜 이토록 혼란해졌는가의 문제를 마음에 관한 논의를 통해 접근했다고 볼 수 있다. 마음을 바로잡아서 성리학의 이상을 현실 속에서 지키려 한 것이다.

마음도 우주 만물의 하나이므로 리와 기로 구성된 것임에는 이의가 있을 수 없었지만 마음의 작용 원인은 그 안에 담긴 리, 즉 본성이라고 한다. 그렇다면 리와 기 중 어느 것을 중심으로 마음을 이야기해야 하는가가 문제였다. 즉 어떤 측면에서 바라봐야 하느냐는 것이다.

이들은 현실 속에서 드러나는 인간 행위와 인식을 리와 기의 어느 측면에 중점을 두고 바라보아야 하는가의 문제로 서로 다른 의견을 내세웠다. 그러나 그들에게서 양보할 수 없는 공통점이 있었다. 모두 리를 철저하게 따르고 리가 본래의 모습 그대로 인간의 인식과 실천 속에 드러날 때 인간의 올바른 삶이 이루어질 수 있다는 확신을 가지고 있었다는 것이다.

리가 무엇인가? 리는 성리학에서 우주 만물의 이치다. 자연 법칙일 뿐만 아니라 인간의 생활 속에도 인간이 살아가야 할 길을 가르쳐 주는 사회·윤리 법칙이었다. 이러한 생각은 노사 기정진의 경우에 기는 리의 단순한 도구이므로 리만 이야기하면 된다는 주장으로까지 나타났다. 모든 이치와 그것의 드러남은 결국 리에 의한 것일 뿐이므로 리 이외에 기를 논하는 것은 별 의미가 없다는 것이다.

하지만 그렇다고 해서 우주 만물의 이치인 리가 현실 속에 저절로 실현될 날만을 기다리고 있을 수만은 없는 노릇이었다. 조선 성리학자들은 리의 실현을 위해 수백 년 동안이나 노력해 왔는데도 나라는 당장 위험에 처해 있는 상황이었다. 이들은 리의 실현을 위해 온갖 방법으로 노력을 다했다. 목숨 걸고 상소문을 올리기도 하고 외교적인 방법으로 호소하기도 하고 자결을 하기도 했다. 우주에는 우주를 만들고 움직이는 도리가 있지만 이 도리가 세상에서 실현되기 위해서는 사람의 힘이 필요하다는 생각을 한 것이었다. 더구나 그 도리가 제대로 펼쳐지지 못하던 이 시기에는 인간의 노력이 더 중요하다고 보았다. 우주의 도리를 올바로 이루기 위해서는 인간의 참여가 필요하다는 전통 유학의 사상을 당시의 혼란한 현실 속에서 보다 강조한 것이다.

막연하게 리에 대한 믿음에 그치는 것이 아니라, 오랑캐가 날뛰는 세상에서 그 리의 실현을 위해 뛰어다니게 되자 화이관에도 변화가 왔다. 서양 사람을 단지 손재주 좋은 동물로 보던 사람들이 서양 세력의 힘과 과학 기술, 그리고 넓은 세계의 소식에 접하면서 그들을 인간으로 인정하게 된 것이다. 물론 서양 사람들까지도 성리학의 가치관을 가르쳐 교화해야 할 대상으로 보는 시각에서는 벗어날 수 없었지만, 서양 사람도 인간으로 인정하게 되고 조선의 독립을 서양인들이 만든 만국 공법에 호소해서 지켜 내려고도 했다.

일찍부터 의병장으로 활약했던 유인석도 처음에는 서양 사람을 짐승이라고 여겼다. 그런데 서양 문물의 우수성을 체험하면서 그들을 인간으로 인정하지 않을 수 없게 되었다. 특히 1910년에 한일 합방 조약이 체결되자 그는 연해주와 만주 지역에 있던 조선인들의 뜻을 모아 그 대표로서 전 세계에 글을 보냈다. 일본의 만행을 비난하고 이런 강제적인 침략을 세계인들이 인정해서는 안 된다는 내용이었다. 그런데 유인석은 이 글을 영어, 프랑스어, 러시아어 등으로 전 세계에 보내면서 십삼도의군 도총재이자 대한일반인민총대의 자격으로 알파벳 서명을 했다. 짐승이라고 생각했던 서양 사람들에게 서양 사람들의 언어로 도움을 청해야만 했던 그 비통한 심정을 짐작해 볼 수 있다.

나아감과 물러섬

18~19세기 조선에 다른 나라 사람들이 몰려들어 오면서 나라를 빼앗으려 할 때 조선 사람들의 행동은 여러 가지 방식으로 나타났다. 물론 거기에는 그 혼란을 틈타 자신의 잇속만 챙기며 민족과 나라를 해롭게 하는 사람도 있었다. 그러나 대다수 우리 민족은 나라를 바로잡아 국권을 되찾으려는 노력에 온 힘을 다했다.

그러나 어떤 방향으로 힘을 합쳐 나아가야 할지에 대해 생각을 모으지 못한 우리 민족은 각기 자신의 처지에서 개혁 방안을 제기하고 이를 실천하고자 했다. 당시까지 정권을 담당했던 유학자 관리들의 현실 대응책이 반드시 옳은 것은 아니었지만, 조선 초기부터 재야에서 선비의 전통을 지켜 온 재야 성리학자들은 여전히 그들의 본분을 다하고자 했다. 정치가들의 잘못을 비판하고, 진정한 성리학적 이상 국가를 이룩하기 위한 개혁을 요구하고, 외세의 침략으로 나라가 위태로워지자 임진왜란 때처럼 의병을 이끌고 나섰다. 그 밖에도 사람들의 힘을 모아 다양한 경로로 나라를 되찾기 위해 노력했다.

물론 이들이 꿈꾼 세계는 왕과 양반들을 중심으로 한 성리학적 이상 국가를 실현하는 것이었고, 소중화의 자부심을 가지고 중화 문명을 다시 일으키는 것이었다. 이러한 생각은 당시 조선 민중들이 요구하던 근대적인 개혁과는 거리가 있었다. 그러나 조선에서 아직 근대적인 개혁의 방향이 자리잡지 못한 혼란 상태에서 그래도 외세와 맞설 수 있는 단결된 힘을 제공해 준 것은 분명 이들의 역사적인 역할이었다.

조선 500년 동안 나라를 다스리고 그 혜택을 누려 왔으면서도, 이 전통 유학자들이 시대의 변화에 대응할 수 있는 새로운 방향을 이끌어 내지 못했다는 책임은 면할 수 없다. 그러나 이들은 적어도 당시에 이리저리 휩쓸려 다니던 기회주의적인 지식인들처럼 변절하지 않았고, 당당하게 싸우다가 힘과 능력의 한계를 느끼자 새로운 길을 추구하는 후진들에게 자리를 물려주고 일선에서 서서히 물러났다.

물론 그 후에도 추한 모습을 보이며 옛날 양반의 특권만을 주장한 사람들도 있기는 하지만, 우리가 본받아야 할 것은 그런 모습은 아닐 것이다. 우리가 본받아야 할 것은 주어진 상황에서 자기 역할에 최선을 다하다가, 자신의 한계를 깨달았을 때 후배들에게 자리를 물려주고 자신의 생애를 역사의 교훈으로 깨끗이 정리하는 선비의 모습일 것이다.

어려움에 빠진 조선의 민중들은 더 이상 가만히 앉아서 정부 정책이 잘 되기만을 기다릴 수가 없었다. 그들 스스로 자신들에게 닥친 어려움을 이겨 내기 위해서 여러 방법을 찾았다. 깨친 민중들은 그렇게 힘들이지 않고 타인의 도움으로 역사가 바뀌지 않는다는 것을 너무나 잘 알고 있다. 그러므로 깨친 민중은 현실을 해결하기 위해 직접 나서서 행동을 한다. 그 당시 민중들도 현실에 맞부딪쳐서 어려움을 해결하려고 노력했다.

민중 운동이 일어나다

가난하고 서러운 민중의 삶

조선 후기에는 19세기 초에 이미 전국적으로 천여 개의 시장이 세워질 정도로 상공업이 매우 활발했다. 서울, 개성, 평양, 의주 등지에서 새로 일어난 상인들은 이런 상공업의 발전을 토대로 이익을 최대로 넓히기 위해 상품 가격의 지역적·계절적 차이를 이용해 사재기를 일삼으면서 큰 장사꾼으로 성장했다. 이로써 정부에서 주도하는 상인들의 특권은 무너지고 상품 거래의 새로운 질서가 들어섰다.

부자가 된 많은 상인들은 주로 금을 캐거나 철을 만드는 회사를 경영하며 품팔이 일꾼들을 부리면서 발전했다. 그러나 19세기 이후에는 열강의 강요에 의한 시장 개방으로 값싼 제품이 말려들어 오면서 이들은 크게 성장할 수 없었다. 그래서 외국 상인들의 상권 침탈에 대해 상권 수호 운동이 일어나기도 했지만, 그들의 횡포를 막아내지는 못했다. 이렇게 열강의

구한말 활발한 상업 활동을 보여 주는 시장 풍경
조선 후기에는 전국적으로 천여 개의 시장이 세워질 정도로 상공업이 매우 활발했다.
사진은 구한말의 오일장 풍경.

상권 침탈로 상인들만 피해를 본 것이 아니었다. 싼 값에 농산물을 팔고 비싼 값에 외국 공산품을 사서 써야 하는 민중의 삶도 더욱 팍팍해질 수밖에 없었다.

왕조 사회 제도의 위기는 세금을 거둬들이는 과정에서도 나타났다. 대표적으로는 땅에서 거두는 세금인 전정과, 일반 농민을 대상으로 한 군정, 환곡을 나누어 주었다가 거두어들이면서 생기는 환정이라는 삼정 체제의 흐트러짐이었다. 다시 말하면 세금을 거두어들이는 방식이 원칙대로 시행된 것이 아니라 고을의 원님과 아전들의 재량에 맡기는 형식으로 변질되었다.

따라서 그들이 마음만 먹으면 농민의 재산을 빼앗을 수 있었다. 게다가 부자나 땅을 많이 가진 사람들은 돈을 주고 양반의 지위를 사서 신분을 높이고 재산을 빼앗기는 억울한 일을 당하지 않았다. 대신 가난한 농민들이 이들의 몫까지 떠맡게 되었다. 또한 당시는 자연이 가져다 준 피해도 많았다. 가뭄이 곳곳에서 발생했고, 홍수 또한 자주 일어났다. 그런가 하면 전염병이 전국적으로 돌아 민중들에게 닥친 시련은 말이 아니었다.

이렇게 조선 후기에 민중들의 삶은 갈수록 어려워졌다. 그런데도 나라와 정부 관리들은 세계의 흐름을 정확하게 파악하지 못했을 뿐만 아니라 열강의 침략에도 적절히 대응하지 못했다. 정부가 정부 역할을 제대로 못하니 어떻게 민중들에게 평화와 안정을 가져다 줄 수 있었겠는가? 오히려 민중들의 삶을 어렵게 하는 역할을 앞장서서 도맡았다.

민중 운동의 전개

본디 삶의 환경이 나빠지면 왕이나 관료보다는 일반 민중이, 부자보다는 가난한 자가 먼저 어려움을 당하는 법이다. 어려움에 빠진 조선의 민중들은 더 이상 가만히 앉아서 정부 정책이 잘 되기만을 기다릴 수가 없었다. 그들 스스로 자신들에게 닥친 어려움을 이겨 내기 위해서 여러 방법을 찾았다. 이미 19세기 초부터 민중들은 자신들의 견해를 조직적으로 표출하기 시작했다. 1811~1812년 동안 홍경래가 이끌었던 관서 농민 전쟁을 시작으로 1833년 서울 지역 쌀값 폭등에 대한 도시 빈민의 저항이 있었다. 특히 개항 이후 농촌 경제가 급속히 무너져 내리면서 경상도·전라도·충청도 농민을 비롯한 전국 농민들은 지방의 탐관오리와 악질 지주에 대항해 저항의 횃불을 더욱 높이 들었다.

1862년의 농민 항쟁은 전라도 지역뿐만 아니라 경상도·충청도·경기도·황해도·함경도에 이르기까지 전국적으로 약 72개 지역에서 일어났다. 이 항쟁의 주체는 왕조 사회 제도의 위기가 깊어지고 사회가 어지러워지는 가운데, 봉건적 억압에 시달리던 민중이었다. 이 항쟁에 참여한 민중들은 사회적 문제를 스스로 해결하기 위해 적극적으로 나섰으며, 인간으로서 당연히 누려야 할 권리도 적극적으로 요구했다. 그러나 이 농민 항쟁은 조직적으로 힘을 모아 일어난 것이 아니고 지역에 따라 산발적으로 일어났기 때문에 결국 진압되고 말았다. 이러한 민중 운동은 1894년의 갑오농민전쟁과 1899년에서 1904년에 이르는 활빈당 투쟁에 이르기까지 계속 이어졌고, 이후에는 의병 투쟁과 3·1독립운동으로 발전했다.

그 중 대표적인 것이 동학을 중심으로 일어난 갑오농민전쟁이다. 갑오농민전쟁은 갑오년인 1894년 2월 전라도 고부에서 농민들이 봉기한 것이

신미년 정주성 공위도
1812년 관군이 정주성에서 홍경래 군을 포위 공격하는 장면.

시작이었다. 농민군이 전주성을 점령할 만큼 세력이 커지자 정부는 농민군과 평화 조약을 맺었다. 평화 조약을 맺은 후에는 정부도 농민군에게 부분적이나마 약속을 지키려고 노력했다. 그런데 시간이 지나면서 정부는 농민군과 합의했던 내용을 지키지 않은 채 계속 민중들을 괴롭혔다. 이에 농민들이 다시 일어나자 정부는 농민군을 진압하기 위해 일본군을 끌어들였다. 제 나라 백성을 치기 위해 외국군을 불러들인 것이다. 농민군들은 현대식 무기를 갖춘 일본군을 당할 수 없었고, 농민군 지도자들이 붙잡힘으로써 농민군은 흩어지게 되었다.

갑오년 항쟁은 일본군의 개입으로 실패했지만, 일본군도 민중의 현실 개혁 의지와 외세 침략에 대한 저항 정신까지 꺾지는 못했다. 1900년을 전후로 활동한 활빈당은 무기를 갖춘 농민들의 비밀 투쟁 단체였는데, 그들은 가난한 사람들에게 살 수 있는 힘을 준다는 이름을 내걸고 금강 북부와 충청도 바닷가인 내포 지방을 중심으로 활동했다. 활빈당은 '못된 부자의 재물을 가져다가 가난한 사람에게 나누어 준다.'는 데서 일반 도적과 다르다. 그들은 대체로 '나라를 보호하고 백성을 편안하게 한다.'라는 기치를 내걸고 '왕이 먼저 모범을 보이고 민중을 사랑해야 한다.'는 유교 정치의 이상을 향해 노력했다.

19세기에서 20세기 초반에 걸쳐 일어났던 민중 항쟁은 무엇보다 사회·경제적 변화에 많은 영향을 받았다. 민중들은 세도 정치에 따른 수탈과 성리학에 기반한 조선 사회에 대한 저항, 그리고 외세 침략으로 인한 경제적 피해뿐만 아니라 망국의 위기감에 대해 조직적으로 저항했다. 동학은 민중들이 갖고 있던 성리학에 대한 대항과 서구 세력에 대한 저항 의식을 대변하는 동시에 민중들의 사회·경제적 입장을 반영한 사회 개혁을 제시하는 데 중요한 몫을 했다. 물론 동학사상이 곧 갑오농민전쟁으로 연결된 것은 아니지만 그렇다고 무관한 것도 아니다. 왜냐하면 19세기 후반의 사회적 혼란은 조선의 여러 계층에게 믿음과 신앙을 주던 사상들 사이에서 서서히 내적 교류가 이루어져 하나로 묶일 수 있는 사회적 분위기를 이끌었고, 동시에 그런 민중사상이 전근대적인 사회 구조를 개혁하려는 강력한 이념적 구심점으로 등장해 민중들을 결집시키는 역할을 했기 때문이다.

새로운 세상을 꿈꾸다

19세기 말부터 20세기 초까지 많은 변화가 일어나는 길목에서 가장 큰 피해를 입은 민중들은 어떻게 살아야 할지 어느 계층보다 절실하게 고민하지 않을 수 없었다. 민중들은 어떠한 일이 일어나든지 오직 나라의 왕 이하 벼슬아치들만 믿고 기대며 살아왔다. 그런데 나라의 벼슬아치들은 민중들의 어려운 삶을 살펴서 보호해 주기는커녕 외국군을 불러들여 농민군을 진압하는 등 민중들의 삶을 어렵게 하는 데 앞장서기까지 했다.

이렇게 누구를 믿을 수도 의지할 수도 없이 광활한 벌판에 내동댕이쳐진 민중들 사이에선 자연스럽게 고달픈 현실을 벗어나고픈 심정이 싹트게 된다. 이때 현실을 벗어나려는 방식은 각기 다르게 나타나는데, 19세기 말부터 20세기 초까지 조선의 민중들은 현실을 외면하면서 피하려는 축과 부딪치면서 극복하려는 사람들로 나뉜다. 이들의 행동 뒤에는 그것을 움직이게 하는 사상이 자리하고 있다.

이 당시 민중들은 대부분 자신들이 겪고 있는 어려움을 이겨 내기 위해 직접 부딪쳤다. 그러나 한편으로는 물에 빠졌을 때 지푸라기라도 잡는 심정으로 전통적으로 내려오는 민간 신앙이나 힘이 아주 센 새로운 사람, 또는 신에게 기댔다. 당시 민중들은 회피와 부딪침이라는 두 방법을 다 써보았던 셈이다.

외세의 침략 속에서 정부는 외세를 물리치고 나라를 부강하게 하는 데 실패했고, 민중들의 어려움을 보듬어 안지도 못했다. 당연히 민중들은 조선 왕조의 지배 사상이었던 성리학적인 생각을 거부하고 비록 현실성이 떨어지고 공상적인 요소가 있다 하더라도 새로운 종교나 사상을 받아들여 그들 나름의 사상 줄기를 잡기 시작했다. 이런 식으로 민중들은 현실 사회의 문제점을 극복하는 데에 적극적으로 참여하려고 했다.

이때 나타난 사상이 동학과 무속이다. 그리고 새로운 세상이 열리며 새로운 인물이 나타난다는 사상도 많은 사람들에게 인기를 끌었다. 미륵 신앙에 바탕한 정도령 이야기가 그 대표적인 예다.

알려진 대로 조선은 1392년에 이성계李成桂가 고려를 멸망시키고 세운 왕조로 이후의 왕들은 잇달아 이성계의 후손들 중에서 뽑혔다. 그러다 보니 왕의 성씨도 자연히 '이' 씨로만 되었다. 세계 역사에서 이처럼 한 성씨가 500년 이상 왕을 한 나라는 흔치 않다. 그런데 아무리 맑은 물이라도 흐르지 않고 웅덩이에 오랫동안 고여 있으면 썩는 것이 세상 이치다. 즉 세상은 역사가 흐르는 것만큼 많은 것이 늘 변화되고 있는 것이다. 이 변화의 흐름을 제대로 파악해 바르게 대처하지 못하면 발전하지 못하고 퇴보하기 마련이다. 변화에 올바르게 대처하는 것에는 변하지 않는 것도 제대로 파악해야 한다는 것이 포함된다.

19세기 후반기의 우리나라 역시 많은 변화를 겪었는데, 정부 지도자들은 정확하게 그 흐름을 파악하고 적절하게 대처하지 못한 측면이 많았다. 그 당시 아시아와 아프리카 전역을 식민지로 만든 유럽 열강의 제국주의 침략은 도둑질과 같았으니 그 잘못은 무엇으로도 정당화될 수 없다. 그렇더라도 도둑질 당한 것이 잘한 일은 아니다. 식민지 지배를 받기까지는 정부 지도자들이 자기 역할을 제대로 수행하지 못한 탓이 크기 때문이다. 사회를 이끌어 나갈 능력이 부족한 지도자를 가진 민중들은 새로운 지도자가 나타나기를 기대하게 되는 것이다.

정도령은 조선의 민중들이 그토록 애타게 기다리던 지도자였다. 즉 이씨 왕조의 수명이 다했다고 보고, 앞으로는 '정' 씨가 새로운 왕이 되어 나라를 다스리게 될 것이라는 이야기다. 그러나 이 정도령 이야기를 만든 사람은 민중이 아니다. 오히려 정치적인 야심을 갖고 있는 몰락한 양반들이 이씨 왕조를 물리치고 새로운 왕조를 세우자는 뜻에서 만든 것이다. 하지만 누가 그것을 만들었든지 간에, 조선 왕조에 더 이상 기대하지 못하던 당시의 민중들에게 정도령 이야기는 빠르고도 넓게 영향을 미쳐 나갔다.

그런데 정도령은 결코 나타나지 않는다. 그것이 현실에 부딪치지 않고 회피하면서 문제를 해결하려는 방식의 한계다. 역사는 같은 잘못을 되풀이 하지 않기 위해 적극적으로 노력하지 않으면, 우리가 원하는 그 어느 것도 얻을 수 없다는 것을 가르쳐 준다. 역사는 또한 나라가 어지럽고 어려울 때일수록 정신 똑바로 차리고 침착하게 대처해야 한다고 말한다. 그러나 어떤 사람들은 올바른 방법으로, 노력을 통해서 해결하려 하지 않는다. 오히려 요행을 바란다. 그 틈을 타서 사람을 홀리는 온갖 사상들이 출현하는 것이고, 정도령 이야기는 바로 이러한 잘못된 믿음의 예였다.

깨친 민중들은 그렇게 힘들이지 않고 타인의 도움으로 역사가 바뀌지 않는다는 것을 너무나 잘 알고 있다. 그러므로 깨친 민중은 현실을 해결하기 위해 직접 나서서 행동을 한다. 그 당시 민중들도 현실에 맞부딪쳐서 어려움을 해결하려고 노력했다.

동학 운동과 그 사상

최제우, 하늘님을 만나다

갑오농민전쟁의 사상적 배경이 된 동학은 1860년 4월에 최제우崔濟愚에 의해 창시되고, 2대 교조 최시형崔時亨과 3대 교조 손병희孫秉熙를 비롯한 많은 신자들에 의해 발전했다. 동학이 탄생할 무렵에는 벼슬아치들의 횡포가 심했을 뿐만 아니라 유교 윤리가 여러 면에서 타락했다. 또한 천주교의 영향도 커지고 서양 여러 나라와의 교류도 활발했다.

동학은 서양 세력보다는 우리 민족을, 양반보다는 민중을 소중하게 생각했다. 근대라는 시대 상황 속에서 새롭게 탄생한 동학은 한국의 근대 종교사에서 대표적 지위를 차지한다. 동학의 이념은 《동경대전東經大全》과 《용담유사龍潭遺詞》라는 경전 속에 잘 나타나 있다.

동학을 처음 일으킨 최제우는 몰락한 양반의 아들로서 어려서는 아버지로부터 성리학을 배웠으나 서자였기 때문에 벼슬에 나서지 못했다. 최제우는 젊은 나이에 전국을 떠돌아다니면서 이것저것 안 해 본 것이 없을 정도로 여러 일을 해 보았다. 이렇게 현실을 직접 부딪치며 경험하는 과정에서 최제우는 우리나라가 국내외에서 많은 문제점이 있음을 정확히 파악하게 되었다.

10여 년 동안의 여행을 마치고 고향에 돌아온 최제우는 이러한 나라의 문제를 해결하기 위해 공부의 폭을 넓혀갔다. 즉 전통적인 민간 신앙 및 유교·불교·도교는 물론 서양으로부터 들어온 천주교도 공부했다. 그러면서 자연스럽게 그의 공부 내용도 깊어졌다.

최제우 '사람이 곧 하늘'이라는 인내천사상을 바탕으로 동학을 창시함으로써 인간 존중 사상을 널리 실천하고자 했다.

이렇게 공부하는 과정에서 최제우는 특히 문제의 주된 원인은 세상 사람들이 '하늘님'의 뜻을 잘 살피지 않았기 때문이라고 생각했다. 그래서 그는 몸과 마음을 다해 하늘님의 뜻을 알기를 원했다. 하늘님의 뜻을 제대로 알아야만 이 어지러운 세상을 바로잡을 수 있다고 생각했기 때문이다. 하늘님의 뜻을 알기 위해 간절히 노력하던 최제우는 드디어 1860년 4월 5일에 하늘님의 뜻을 알게 되는 종교적 체험을 했다. 다음 글은 그가 깨달았을 때의 상황을 잘 드러내 준다.

꿈인가 생시인가

천지가 아득해서

정신을 차릴 수가 없구나.

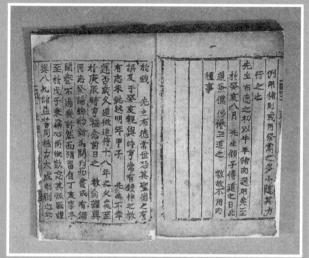

동학의 두 경전인 《동경대전》과 《용담유사》
《동경대전》은 최시형이 최제우가 남긴 글을 모아 한자로 편찬한 것이
고, 《용담유사》는 최제우가 지은 포교용 가사집으로 한글로 쓰였다.
사진 출처-전주한옥마을.

공중에서 외치는 소리

천지가 움직일 때

집안사람 행동을 보라.

놀라고 두려워서 하는 말이

아이고 아이고 내 팔자야

무슨 일이 이러한가.

하늘의 은혜가 끝이 없어서 1860년 사월 초닷새에

글로 어떻게 표현하며 말로 어떻게 드러낼 수 있을까.

영원하고도 끝이 없는 큰 도를

꿈결엔가 생시엔가 깨달았도다.

　최제우는 자신이 영원한 도를 분명히 깨달았다고 생각했다. 그래서 마음을 안정시켜 좀 더 수양을 쌓은 후 세상을 구제하리라고 마음먹었다. 1861년 자신의 나이 38세에 최제우는 자기의 깨달음을 세상에 알리고 세상을 구제하기 시작했다. 그것이 바로 '동학'이라는 새로운 종교이면서 사상이다.

　최제우가 창시한 동학은 당시의 시대적인 상황으로 인해 많은 민중들에게 폭발적인 인기를 끌며 짧은 시간에 넓게 퍼져 갔다. 다음 글은 그 당시 동학사상이 민중들에게 얼마나 인기가 있었는가를 잘 드러낸다.

영원히 끝없는 큰 도를

꿈결엔가 생시엔가 깨달았는데

구미 용담의 아름다운 풍경에서

가난한 가운데 도를 즐기다가

일 년 남짓 지낸 후에

가깝고 먼 것을 가리지 않고

어진 선비들이 구름같이 몰려드니

즐거움 속에 또한 즐거움이 아니겠는가.

그리고 그는 찾아오는 많은 사람들과 밤새워 이야기를 하며 그들에게 삶의 희망을 심어 주곤 했다. 그러면 그럴수록 민중들은 더욱 많이 몰렸고, 최제우는 더욱 자신감을 가지고 포교 활동에 전념했다. 이 당시 최제우를 따르던 사람 중에는 학식이 깊고 인격이 훌륭한 사람이 적지 않았다.

그러나 이러한 즐거움도 잠시뿐, 동학이 날로 번창해 가자 소문이 여러 사람의 입을 거쳐 관리들에게까지 들어가게 되었다. 소문 중에는 동학을 모략하는 내용도 많았는데, 동학이 천주교의 교리를 따른다는 것이 대표적이었다. 당시는 우리나라에서 천주교를 금지하고 천주교를 믿는 사람들을 탄압할 때였다. 그러기에 천주교를 따른다는 소문은 동학을 탄압하는 좋은 빌미가 되었다.

사실 동학은 천주교와는 너무도 많은 점에서 차이가 있다. 그런데도 소문은 그런 차이를 완전히 무시하고 있었다. 이렇게 되자 정부에서는 동학이 민중들을 혼란에 빠뜨리게 하고 세상을 어지럽게 한다는 구실로 탄압하기 시작했다. 교주인 최제우는 더 이상 고향인 경상도에서 포교 활동을 할 수가 없어 피난을 떠나게 되었다.

이때부터 최제우는 다시 전국을 떠돌아다니게 되었다. 그러나 옛날에 떠돌던 때와는 내용이 전혀 달랐다. 옛날에는 도를 깨닫기 위해 다녔지만, 이제는 깨달은 도를 민중들에게 전파하기 위해서 다녔다. 또 하나, 옛날에는 몸은 자유로웠지만 마음은 늘 무거웠는데, 이제는 몸은 자유롭지 못하지만 마음은 자못 편했다. 최제우는 피신 중에 자기의 이론을 더욱 체계적으로 정리할 필요를 느끼고 끊임없이 연구해서 여러 편의 글을 썼다. 그러나 1863년 12월에 최제우는 붙잡혔고, 다음해 3월에 대구에서 죽임을 당했다.

최시형, 동학을 계승하다

동학의 2대 교주 최시형은 다섯 살 때 어머니를 잃고 열두 살에 아버지마저 세상을 떠나자, 남의 집 머슴살이를 하다 35세 때 최제우를 만나 스승으로 모시고 동학을 믿기 시작했다. 그는 성실하게 신앙생활을 했기에 동학에 들어온 지 2년 만에 후계자가 될 수 있었고 최제우가 죽임을 당한 후 더욱 성심으로 동학을 번창시켰다. 물론 최시형도 수배자 신세였기에 늘 숨어 지내야 했다.

최시형은 1878년에 신도들을 올바르게 관리하기 위해 일정한 기간에 일정한 장소에서 교리를 연구하는 모임인 개접제開接制를 마련했다. 그리고 1880년에 한문으로 된 《동경대전》을 펴냈고, 1881년에는 한글로 된 《용담유사》를 펴냈다. 또한 그는 1884년에 여섯 가지 부서에서 일하게 하는 육임제六任制라는 제도도 마련했다. 이렇게 최시형은 동학의 경전을 마련하는 한편 동학의 현실적인 체계를 갖추어 나갔다.

최시형 동학의 2대 교주로서 동학의 경전과 제도를 정비하는 등 동학이 현실적인 체계를 갖추어 나가도록 했다.

처형 직전의 최시형 고종 29년(1892)에 동학 탄압에 분개하여 교조 신원을 상소하였으나 이듬해 체포되어 사형당했다.

동학의 교세는 날로 커져 갔지만 그만큼 정부에서는 동학을 줄기차게 탄압했다. 그러나 언제까지 숨어 피해 다닐 수는 없는 노릇이었다. 동학도들은 드디어 1892년부터 동학의 합법화를 공개적으로 주장하게 되었다. 이것은 그만큼 동학의 세력이 커졌다는 것을 의미한다.

동학도들은 우선 최제우가 억울한 죽임을 당했다고 주장하면서 최제우가 무죄임을 인정하라고 외쳤다. 이것이 바로 교조 신원 운동이다. 또한 그들은 정부가 천주교는 물론 기독교까지 허용하면서 유달리 동학만 탄압하는 것, 그리고 정부의 벼슬아치들이 동학도를 죽이고 재산을 빼앗아 가는 것도 잘못이라고 주장했다. 이러한 주장을 가지고 동학도들은 대규모 모임을 가지면서 정부에 힘을 행사했다. 마침내 1893년 2월에는 서울의 광화문 앞에서 동학도 수십여 명이 왕에게 상소를 하는 일까지 벌어졌다. 실로 대단한 결단이었다.

처음에는 정부가 동학도들의 주장을 들어준다고 해서 동학도들이 물러갔다. 그런데 정부는 약속을 지키지 않고 오히려 탄압을 더 심하게 했다. 1894년에 접어들자 우리가 잘 아는 갑오농민전쟁이 시작되었다. 전라도 고부 군수 조병갑趙秉甲의 못된 짓을 더 이상 참지 않고, 동학도와 농민들이 합세해 항거가 시작된 것이다. 이때의 농민군 지도자는 그 지역의 동학 접주였던 전봉준全琫準이었다. 이것이 바로 갑오농민전쟁의 시작이다.

전봉준이 이끄는 농민군이 계속 승리를 거둔 데다 다른 지방의 동학도들이 합세하기 시작하자, 최시형을 비롯한 동학도들도 농민 전쟁에 적극 참여했다. 그러나 갑오농민전쟁은 실패로 돌아갔고, 대부분의 농민군 지도자들은 죽임을 당했다. 갑오농민전쟁이 끝난 후 정부는 동학 조직을 더욱 가혹하게 탄압했다. 동학의 번창을 위해 노력하던 최시형 역시 1896년 5월에 체포되어 1898년 7월에 죽임을 당했다. 이후 갑오농민전쟁 당시 동학농민군을 이끌고 대일항전에 나섰던 동학의 대접주 손병희가 3대 교주가 되었다. 그는 1905년에 동학을 천도교天道教로 개명했다. 또 이용구를 비롯한 일부 동학도가 시천교侍天教를 내걸고 일진회가 벌인 매국 활동의 대중적 기반으로 삼으려는 계획에 반대해 출교黜教 처분을 내리기도 했다. 이 일을 계기로 동학은 시천교와 천도교로 분리되었다. 천도교는 1919년 3·1운동을 주도하기도 했다.

동학의 하늘님사상

서양의 하나님과 동학의 하늘님이 같은가?

대체로 하늘님사상은 세계의 대표적인 종교들에서도 찾아볼 수 있겠지만, 우리의 전통적인 민간 신앙에서도 자주 등장한다. 그러나 모든 종교의 하늘님이 다 같지는 않다.

서양에서 전래된 대표적인 종교는 천주교와 기독교다. 일반적으로 천주교와 기독교는 뿌리가 같은데, 루터의 종교 개혁 이후로 구교와 신교로 나뉘었다. 조선 후기에 천주교가 먼저 들어왔지만, 이 땅에서는 긴 세월 동안 탄압을 받았다. 지금이야 종교의 자유가 주어져 있기 때문에 어떤 종교를 택하든 누구도 간섭하지 않는다.

그런데 앞에서 말한 종교들에서는 절대자를 일컬어 흔히 '하늘님' 혹은

'하나님'이라고 부른다. 하늘님은 흔히 전통적으로 동양의 유교적인 '천天'이나 '천명天命' 혹은 '천주天主'를 우리말로 옮겨서 부르는 이름이다. 그런데 기독교에서는 하늘님이라고 부르지 않고 반드시 '하나님'이라고 부른다. 이것은 하나님이 우주를 창조한 '오직 한 분'이라는 뜻을 가지고 있기 때문이다.

기독교에서 말하는 하나님은 분명 유교적인 하늘님의 의미와 차이가 난다. 유교에서의 하늘님은 종교적인 의미보다는 오히려 도덕적인 의미가 더 강하다고 할 수 있다. 《중용》이란 책머리에 '천명지위성天命之謂性'이란 구절이 있는데, 이것은 하늘이 명령한 것이 본성이라는 뜻이다. 하늘이 인간에게 명령한 본성은 모든 인간이 갖고 있는 도덕성이다. 그러니까 하늘은 인간이 마땅히 도덕적 삶을 살아야만 하는 당위성을 말하는 개념이다. 인간이 왜 도덕적으로 살아야 하는가? 하늘의 명령이기 때문이다. 그러므로 유학에서 하늘과 인간의 관계는 기독교처럼 조물주와 피조물의 관계가 아니다. 또한 유교에서는 천주교나 기독교처럼 사람이 죽고 나면 새로운 세계로 간다고 말하지 않는다. 유교는 철저히 현실 세계 중심의 사상이다.

그런데 동학의 창시자인 최제우의 글에서도 '시천주'라는 말이 나오고 있다. 이 말을 글자 그대로 풀이하면 '하늘님을 모신다'라는 뜻이다. 여기서 우리는 동학에서 말하는 하늘님의 내용이 무엇인지를 밝혀내야 할 필요가 있다. 그래야만 동학이 어떤 종교이며 사상인지를 밝혀낼 수 있기 때문이다.

최제우는 어려서부터 유교와 도가사상은 물론 불교와 민간 신앙 등에 대한 공부를 많이 했다. 또 이미 우리나라에 들어와 있던 천주교에 대해서도 어느 정도 알고 있었다. 따라서 최제우가 말하는 하늘님의 내용이 어떤 것인지를 판단하는 것이 그렇게 쉬운 일은 아니다. 그렇다고 해서 그 내용을 파악할 수 없는 것도 아니다. 최제우가 쓴 글과 그가 말한 내용을 자세하고도 깊게 살펴보면 그가 말하는 하늘님이 무엇인지를 밝힐 수가 있다.

우선 동학에서 말하는 하늘님의 내용은 서양에서 말하는 하나님이 아니다. 이에 관한 최제우의 글을 보자.

1860년에 이르러 전해 들으니 서양 사람들은 천주의 뜻이라고 하면서 부유함과 귀함을 취하지 않고, 천하를 공격해서 그 집을 짓고 그 도를 행하는데, 나 또한 그렇게 하는가? 어떻게 그렇게 할 수 있을까? 의심스러울 뿐이다. …… 어떤 신선이 홀연히 말했다. …… 서양의 도로써 사람을 가르칠 수 있겠는가? 그렇지 않다. 나한테는 신령스러운 부적이 있는데 그 이름은 신선의 약이고, 그 모습은 태극이다. …… 나의 부적을 받아서 사람들의 병을 낫게 하고, 나의 주문을 받아서 사람들을 가르치면 나와 너는 오래 살 것이고, 천하에 덕을 베풀 것이다. 나 또한 그 말에 감동해서 그 부적을 받았다.

그것을 천도라고 이름 붙인다. 천도는 서양의 도와는 다름이 없는가? 서양의 천주교는 이와 비슷하지만 다른 점도 있다. 천주를 위하는 듯하면서도 진실한 모습이 없다. …… 이치는 다르다. 무엇을 그렇다고 하는가? 나의 도는 인위적으로 하지 않으면서도 저절로 되는 것이다. 그 마음을 지키고 그 기를 바르게 하며 그 천명을 따르고 그 교화를 받으면 자연스럽게 된다.

위에서 살펴보았듯이 동학에서 말하는 하늘님은 서양에서 말하는 하나님과는 비슷한 점이 있지만 뿌리가 다르며, 오히려 민간 신앙이나 도가에서 말하는 자연주의사상과 비슷하다고 할 수 있다. 그런가 하면 유교적인 하늘님사상도 경전의 여러 곳에서 나타난다.

내 안에 하늘님을 모셔라

동학에서 말하는 하늘은 무엇인가? 우리가 올려다보면 파랗게 보이는 하늘을 말하는가? 하늘나라에 산다는 상제를 말하는가? 동학에서 말하는 하늘님은 자연도 상제도 아니다. 하늘님은 모든 사람들에게 모셔져 있는 도덕이요, 세상 모든 조화를 가능하게 하는 귀신이며, 만물을 생성하는 '지기(至氣, 지극한 기운)'다. 이런 하늘님이 사람의 마음속에 있기 때문에 하늘님은 곧 사람의 마음이기도 하다. 그러므로 동학에서 하늘님을 공경한 다는 것은 내 안에 모신, 그리고 모든 사람들 안에 모셔져 있는 하늘님을 공경하는 것이다.

동학에서 말하는 하늘님사상의 핵심은 결국 그들이 강조하는 21자 - 至氣今至 願爲大降 侍天主 造化定 永世不忘 萬事知(지기금지 원위대강 시천주 조화정 영세불망 만사지) - 의 주문에 거의 다 담겨 있다고 볼 수 있다. 이 21자 주문을 풀이하면 다음과 같다.

'지기금지 원위대강'은 '지극히 신령스러우며 맑고 밝은 기를 드디어 만나, 아주 멋있는 그 지기의 조화가 우리에게 내려지기를 바란다.'는 뜻이다. 지기의 조화는 눈으로 볼 수도 없고 말로 표현할 수도 없지만, 언제든지 어느 곳에서나 맑고 밝게 있으면서 사람이 살아가는 데 크게 도움을 준다. 사람은 지기의 조화를 마음에 간직함으로써, 살아가는 데 가장 중요하고도 근본적인 것을 얻을 수 있다. 그러므로 지기의 조화를 만나기를 간절히 바라는 마음은 자연스러운 것이다.

'시천주'는 '하늘님을 모신다.'는 뜻인데, 아무 생각 없이 모신다거나 모시기 싫어도 억지로 남의 눈 때문에 모시는 것이 아니라 그 내용을 깊이 깨달았기 때문에 감동해 모시지 않을 수 없음을 의미한다. 예를 들어 '부모님을 모신다.'라고 했을 때, 우리 부모님인데 우리가 모시지 않으면 다른 사람들이 불효자라고 하니까 모시기 싫어도 남의 눈 때문에 모신다면 부모님과 함께 하는 즐거움과 기쁨을 누릴 수 있을까? 그런 사람에겐 즐거움과 기쁨은 고사하고 늘 고통만 찾아 들 것이다. 다른 사람들의 따가운 눈은 피할 수 있어도 자기 자신의 양심은 속일 수 없는 일이다. 이런 사람은 본인뿐만 아니라 그의 부모님도 불행하게 만든다.

그러나 우리 부모님이 나를 낳아 주었기 때문에 이 세상에서 살아가는 것만으로도 감사하게 생각하는 사람이라면 어떨까? 물론 이런 사람은 앞에서 말한 사람과는 근본적으로 다르다. 앞 사람이 남의 눈에 이끌려 다닌다면, 자신의 절실한 마음을 행동으로 옮긴 사람은 늘 감사하며 즐겁고 기쁠 것이다. 하늘님을 모시는 것도 이와 같다. 그래서 '모심'을 동학에서는 단순히 형식적으로 높인다는 뜻이 아니라, 이후 부모님을 섬기는 것과 같은 의미로 사용하고 있다.

또한 '조화정'은 조화의 덕에 합해 그 마음을 정한다는 뜻이다. 조화는 바로 하늘님의 조화로서 지기이기도 한데, '인위적으로 하지 않아도 저절로 된다.'는 의미를 담고 있다. 이것은 기독교적인 하나님의 의미보다는 동양의 전통적인 사상으로서 '우리 자체가 스스로 그렇게 된다.'는 뜻이 강하다. 따라서 우리 인간도 이러한 원리와 흐름에 자연스럽게 합류해야 한다고 동학에서는 말하고 있는 것이다.

'영세불망 만사지'는 하늘님의 조화를 깨달아 평생토록 잊지 않고 마음에 보존하면 지기의 조화를 깨달을 수 있다는 뜻이다.

이러한 하늘님사상의 종교적 깨달음은 피조물과 조물주가 둘이 아니라 바로 하나라는 사실을 깨닫게 함으로써 동학의 인간 존중 사상을 엿보게 한다. 즉 사람과 조물주인 지기는 별개의 서로 다른 것이 아니라고 한다. 지기가 나누어져 나온 것이 사람이기에 사람은 몸속에 하늘님인 지기가 들어 있다는 것이다. 그 덕을 밝히고 잊지 않으면, "나의 마음이 곧 너의 마음이고, 하늘의 마음은 곧 사람의 마음이 된다."라고 한다. 다시 말하면 이 세상에 있는 모든 것 속에는 다 하늘님의 속성이 있다는 것이다. 따라서 우리 인간 역시 하늘님과 다른 것이 아니므로 인간이 하늘님이라고 할 수 있다. 이것이 바로 동학에서 말하는 하늘님사상의 큰 특징이다.

그런데 '사람이 곧 하늘[人乃天]'이라고 말하는 경지에 도달하려면 마음을 지키고 기를 바르게 해야 한다. 그러기 위해서는 성실함과 경건함과 진실한 믿음의 수양을 해야 한다고 한다. 따라서 게으르지 말고 항상 부지런히 노력해야 한다. 이것은 유학의 수양 방법과 비슷하다. 다만 유학의 수양론은 구체적 생활 속에서 인간이 좀 더 바람직하게 살기 위한 방법의 차원에서 논의된 것이므로 동학처럼 종교적이지 않다는 점이 다르다.

불교나 기독교에서는 사람이 죽고 난 후 극락이나 천당에 갈 수 있다고 말하지만 동학에서는 비록 하늘님을 말한다 할지라도 '사람이 죽은 이후에 다시 어디로 갈 것'이라는 식의 말을 강조하지 않는다. 동학도 유학처럼 현실을 매우 중시해서, 종교적인 생활의 목적도 죽음 이후의 세상에 두지 않고 수양 방법도 현실적인 측면을 고려해 제시했다.

그러니까 동학은 수양을 말할 때 종교적인 측면과 현실 생활의 측면을 함께 중요시한다. 즉 동학에서는 누구나 자기 안에 모시고 있는 하늘님과 하나가 되기 위해 부지런히 인격을 닦아야 한다고 한다. 이러한 사상이 중심에 있었기에 동학도들은 당시 우리나라가 안고 있던 많은 문제점을 회피하거나 체념하지 않고 목숨 바쳐 바로 잡으려는 용기를 낼 수 있었다.

동학의 평등사상

양반과 상민은 다 같은 사람이다

조선 시대에는 신분제를 당연한 것으로 받아들여서 양반이 대접받고 상민이 천대받는 것을 당연시했다. 그러나 실학자들처럼 양반의 특권 의식을 비판하는 이들이 늘어나고 인간의 권리에 대한 의식이 점점 높아지면서 신분 제도의 문제점이 표면화되었다.

동학은 양반과 상민의 신분적 차별이 나라의 발전을 가로막는다고 생각하고 신분제 철폐를 주장했다. 몇 백 년 간 이어져 오던 신분 제도를 없애고 모든 사람을 평등하게 대해야 한다는 주장을 듣고 사람들의 반응은 여러 가지였다. 구체적으로 누가 찬성하고 누가 반대했을까?

그동안 양반의 지위에 있으면서 온갖 혜택을 누렸던 사람들은 동학의 신분제 철폐를 매우 좋지 않게 여겼다. 그것 때문에라도 동학을 탄압하는 데 더욱 앞장섰다. 하지만 차별받던 상민에게 신분제 철폐를 주장한 동학의 가르침은 새로운 세상을 열어 주는 구원이었다. 동학의 포교가 시작된 기간이 결코 길지 않았지만, 그렇게 짧은 기간 동안에 동학의 세력이 커질 수 있었던 것은 바로 이와 같은 평등사상 때문이었다. 특히 최시형 자신도 머슴 출신이었다는 사실은 상민들에게 동학의 주장이 거짓이 아니라는 사실을 확인시켜 주기에 충분했다. 자기가 믿는 종교의 최고 지도자가 천한 출신이라는 사실은 신도들의 믿음을 더욱 굳건히 했다.

동학도들은 평등사상을 몸소 실천했다. 그들은 동학에 들어오는 사람에게는 이미 가지고 있는 신분의 높고 낮음을 떠나 맞절을 함으로써 서로에게 예의를 갖추었다. 그리고 누구든지 능력만 되면 그 모임의 어른이 될 수 있는 길이 열려 있었다. 또한 양반과 상민의 차별뿐만 아니라 같은 양반이면서도 출세한 사람과 출세하지 못한 사람, 적자와 서자의 차별도 용납하지 않았다.

실제로 동학을 만든 최제우 역시 서자 출신이었고 2대 교조 최시형이 천민 출신이라는 사실만으로도 그들이 얼마나 평등을 실현하기 위해 노력했는가를 짐작할 수 있다. 황현黃玹은 〈오하기문梧下記聞〉이란 글에서 동학도들이 평등사상을 실현하기 위해 어떤 노력을 했는지 보여 준다.

종과 주인이 함께 동학을 따르는 경우에는 서로 접장이라 부르면서 그들의 법을 따랐다. 돼지나 소를 잡는 사람들도 역시 양반과 같이 예의를 갖추었다.

이 글은 동학을 싫어하는 입장에서 쓴 것이지만 동학을 따르는 사람들이 평등사상을 실현하고 있는 모습을 잘 보여 준다.

과부도 다시 혼인할 권리가 있다

요즈음 우리 주변에서는 이혼하는 부부가 늘어 가고 있다. 특히 우리나라가 현대적인 경제 개발을 시작한 이후로 이러한 사례는 줄어들지 않고 있다. 이혼한 사람들에 대해서 주변에서는 이혼한 사람이라 하여 무조건 손가락질하기보다는 대부분 '그 사람에게 그럴 만한 사정이 있었겠지.' 라고 생각하면서 가능하면 그 사람들을 이해하려고 한다.

혼인에 관한 모든 것은 자신의 선택에 달려 있다. 다시 말하면 혼인을 하는 문제도 자신이 선택하고 이혼을 하는 문제도 자신이 선택한다. 뿐만 아니라 다시 혼인하는 경우도 자신이 선택을 한다. 이 사람이 어떤 선택을 하든지 나라에서는 전혀 상관하지 않는다.

그런데 지금으로부터 100여 년 전에는 결혼을 자기 마음대로 할 수 없었다. 그때는 많은 사람들이 '충성스러운 신하는 두 임금을 섬기지 않고, 참된 아내는 두 남편을 받들지 않는다.'는 믿음으로 살았다. 어린 나이에 혼인한 여자가 젊어서 남편을 잃더라도 그 여자는 절대로 다시 혼인할 수가 없었다. 이것은 나라에서 만들어 놓은 법이며 윤리였기에 이것을 어기면 비판과 징계의 대상이 되고 집안에서는 그것을 부끄러움으로 여겼다.

그런데 남자는 이와 달랐다. 아내를 잃은 남편이 새로운 여자와 다시 혼인한다 해서 누구도 그를 꾸중하지 않는다. 다시 말하면 남편을 잃은 여자는 다시 혼인해서는 안 되고, 아내를 잃은 남편은 다시 혼인해도 괜찮았던 것이다. 여자들에게 불리하고 남자들에게 유리한 혼인 제도로 인해 많은 여자들이 불행을 겪었다. 동학은 이 문제에 대해서도 침묵하거나 외면하지 않고 정면으로 당당하게 이야기했다. 그것은 바로 과부가 재혼하는 일은 죄가 아니라는 것이다.

남편과 이혼을 한 것도 아닌데 남편이 먼저 죽은 젊은 아내에게 평생을 홀로 살라고 하는 것은 한 여성의 희생을 강요하는 것이다. 그렇다고 남편을 잃은 모든 아내가 반드시 다시 혼인을 해야 한다는 것이 아니라 재혼 결정권을 당사자에게 돌려줘야 한다는 것이 동학의 주장이었다. 신분제를 넘어서 여성의 재혼 문제까지 언급하다니 당시로서는 상당한 충격이었다. '남편을 잃은 아내에게 다시 혼인할 수 있는 선택권을 주라.'는 주장에는 평등사상의 측면만이 아니라, 한 개인의 인격과 자유를 존중한다는 측면에서 민주주의와 자유주의의 사상도 담겨 있다.

'과부 재혼이 죄가 아니다.'라는 생각은 '사람에겐 누구나 하늘님이 있다.'는 사상을 바탕으로 한다. 다시 말하면 남자나 여자를 구분하지 않고 누구나 사람은 하늘님이 될 수 있다는 것이다. 그러니까 어떤 하늘님은 특별 대우하고 어떤 하늘님은 차별하는 것은 모순된다고 본 것이다. 남자나

강요된 열녀

《동국신속삼강행실도》에는 시집온 지 4년 만에 남편이 죽었지만 상복을 입고서 시어머니를 정성껏 모시다가, 한밤중에 불이 나자 불속에 뛰어들어 시어머니를 구하는 우씨를 열녀로 소개하고 있다. 이렇게 조선 시대에는 삼강오륜에 바탕해서 남편이 죽더라도 아내는 정절을 지키고 시집에서 며느리의 도리를 다할 것을 강요받았다. 동학은 자유롭게 재혼하던 남자와 달리 여자의 재혼이 엄격히 금지된 것은 평등사상에 위배되는 것이라고 지적하며, 과부도 혼인할 권리가 있다고 주장했다. 김학수, 〈불 속에서 시어머니를 구해 낸 우씨〉.

여자나 다 하늘님이 될 수 있는데, 어떻게 여자가 남자보다 인격적으로 낮은 대접을 받을 수 있겠는가?

하늘님을 모시는 구체적인 방법

동학의 하늘님은 모든 사람의 마음이라고도 했다. 그렇다면 하늘님을 섬기는 구체적인 방법은 무엇일까? 동학에서는 다음과 같이 말한다. 첫째, 집안 식구를 하늘님 같이 공경하라. 그래서 며느리를 사랑하고 소나 말 같은 가축 또한 학대하지 말라. 둘째, 사람이 오거든 '하늘님이 온다.'고 하라. 그래서 어린 아이를 때리지 말라. 이는 하늘님을 때리는 것이다. 셋째, 다른 사람과 시비하지 마라. 이는 하늘님과 시비하는 것이다.

동학은 당시 사회적 약자였던 이들을 모두 하늘님으로 공경하고 사랑하라고 말한다. 왜냐하면 내 마음이 곧 너의 마음과 같기 때문이다. 내가 업신여김을 당하지 않고 사랑받고 싶은 것처럼 다른 사람도 사랑받고 싶은 법이다. 특히 사회적 약자인 경우 더더욱 사회적 차별과 멸시를 받기 쉽다. 이 때문에 특히 그들을 예로 들어 설명한 것이다. 극심한 계급 차별 사회에서 하층 계급의 성장을 자극한 인내천사상은 역사적으로 매우 큰 의미를 가진다고 하겠다.

위에서 살핀 동학의 평등사상이 당시에 완전히 실현되지는 못했다. 하지만 이 평등사상은 민중들에겐 큰 희망이 되었고 갑오개혁과 같은 근대화 조치의 계기가 되었다. 그리고 100여 년이 지난 오늘날에도 동학의 이 평등 존중 정신은 여전히 가치가 있다.

동학의 현세 중심 사상

동학사상의 여러 부분 중에서도 후손들에게 특히 영향을 많이 끼친 것은 역시 철저하게 '현실을 중요시'한 입장이라고 할 수 있다. 동학이 종교임에도 사상적으로 중요한 위치를 차지한 이유는 바로 동학도들이 당시의 어려운 상황을 피하지 않고 당당하게 받아들이면서 문제를 해결하기 위해 목숨 바쳐 노력했기 때문이다.

세계적으로 유명한 종교들의 가장 큰 특징은 사후의 세계에 대해 말하고 있는 점이다. 그러나 전통적으로 유교 문화권에서는 죽은 이후의 세계에 대해 자세하게 말하지 않는다. 유교의 창시자인 공자와 그 제자 간에 주고받은 대화는 이 문제에 대해서 확실한 입장을 보여준다. 한 제자가 공자에게 "선생님, 죽은 다음은 어떻게 됩니까?"라고 묻자 공자는 "애야, 아직 삶에 대해서도 잘 모르는데, 죽음에 대해 어떻게 알겠느냐?"라고 답했다. 이 짧은 대화 속에는 삶과 죽음에 대한 유교의 입장이 분명하게 드러나 있다. 공자는 사람이 죽은 이후의 세계에 대해서만 관심을 갖고 정작 눈앞에서 벌어지는 현실 문제를 등한시하는 것이 바람직하지 않다고 본 것이다.

그렇다고 해서 미래에 대한 계획을 세우지 말라는 입장은 아니다. 다만 '미래를 준비한다'는 핑계로 현실을 게을리 해서는 안 된다는 것이다. 미래를 제대로 준비하기 위해서는 현실을 정확하게 파악하고 철저하게 대처하는 것이 필요하다. 또한 공자는 귀신 섬기는 것을 묻는 제자에게 "아직 사람도 제대로 섬기지 못하는데 어떻게 귀신을 섬기는가?"라고 답함으로써, 살아 있는 사람들이 만들어 가는 현실을 매우 중시했다.

이러한 공자의 사상을 이어받은 유학자들은 철저히 현실주의적인 입장을 지켜 왔다. 이 문제에 대한 동학의 입장 역시 이와 비슷하다. 동학은 '사람 섬기기를 하늘과 같이 하라.'는 입장에서 철저히 살아 있는 사람 중심의 입장을 지켰다. 다음은 동학의 2대 교조 최시형이 제사에 대한 입장을 밝힌 글이다.

옛날부터 제사를 지낼 때에 벽을 향해 죽은 사람의 명패를 설치하는 것은 도리에 어긋나는 일이다. 이제 묻고자 하니, 부모가 죽은 뒤에 영혼이 어디로 갔으며, 또 선생님의 영혼이 어디에 있는가? 믿음이 이치에 합할 것인가? 생각하건대 부모의 영혼은 자손에게 전해 왔으며, 선생님의 영혼은 제자에게 내려졌을 것이라고 믿는 것이 이치에 합당하다. 그러면 나의 부모를 위하거나 나의 선생님을 위해 제사를 지낼 때, 그 명패는 반드시 나를 향해 설치하는 것이 마땅하지 않겠는가?

위의 글은 최시형이 현재 살아 있는 사람을 매우 중요하게 여겼음을 분명하게 보여 준다. 이것은 기존의 다른 종교와 다른 점이다. 물론 다른 종교도 현재 살아 있는 사람을 중시한다. 단순히 현재 살아 있는 사람을 중시한다는 측면만 볼 때엔 동학과 비슷한 것처럼 보인다. 그러나 다른 종교에서 현재 살아 있는 사람을 중시한다 해도 그것은 현재가 마지막 목표라는 것을 뜻하지는 않는다. 현재는 단지 죽은 이후의 길을 대비하는 하나의 과정일 뿐이다. 즉 현재의 삶은 그 자체로서의 의미보다 죽은 다음에 선택되는 과정의 원인이 되는 것이다.

하지만 동학에서는 죽은 다음에 좋은 세계로 가기 위해 현재에 충실하라는 것이 아니다. 현재 살아 있는 삶 자체가 중요하기 때문에 현실에 충실하라는 것이다. 따라서 동학도들은 눈앞에 벌어지는 많은 문제점들에 대해 '미래에 맡긴다'는 핑계를 대며 피하지 않았다. 동학도들은 바로 현실의 한가운데로 들어가 그 문제를 해결하기 위해 싸움을 했던 것이다.

동학도들은 가장 심각한 문제로 지배 체제와 외세의 침략을 지적했다. 그리고 그들은 이런 문제를 해결하기 위해 일어났다. 그들은 민중들도 사람 대접을 받아야 한다고 주장했다. 또 우리나라가 외세의 간섭이나 침략을 받지 않고, 우리 스스로 선택하고 결정할 수 있는 사회를 만드는 것이 중요하다고 생각했다. 그래서 동학도들이 1894년에 전국적으로 함성을 지르며 일어났던 것이다. 그러나 안타깝게도 동학도들의 함성은 정부와 일본의 연합군에 의해 처참하게 짓밟혔다. 그렇지만 동학도들의 사상과 나라의 발전을 위한 몸부림은 100여 년이 지난 오늘날에도 우리에게 좋은 가르침이 되고 있다.

갑오농민군이 문제 해결에 앞장서다

갑오농민전쟁이 동학사상의 영향만으로 일어난 것은 아니기 때문에 갑오농민전쟁과 동학사상을 구별해서 다루는 것이 바람직하다. 오히려 농민군은 당시의 사회 상황을 헤쳐 가면서 필요한 사상이 어떤 것인지를 깨쳐 나갔다고 할 수 있다. 다시 말하면 그들은 실제로 전쟁을 치르면서 자신들의 사상을 만들어 나갔다.

동학의 경우 동학의 가르침을 따르면 누구나 하늘님과 하나되는 체험을 할 수 있다는 종교적인 측면에서 인간의 평등을 언급했다. 이러한 시천주 사상은 신분과 귀천에 관계없이 모든 사람을 공경하고 동학의 주문을 암송하면 평등 세상을 이룰 수 있다는 종교적인 차원의 것이었다. 반면 갑오농민전쟁에 참여한 사람들은 단순히 종교적 행위를 통해서만이 아니라 사회 제도의 개혁을 통해 문제를 해결하고자 했던 점에서 차이가 있다. 농민군은 집강소 설치를 통해 농민의 직접 통치를 실천했을 뿐만 아니라, 사회 개혁과 외세 침략 반대 입장을 폐정개혁안弊政改革案의 12개 조목으로 나누어 제시했다. 즉 갑오농민군은 종교적 믿음과 주문을 통해 실천성을 이끌어 냈던 것이 아니라, 직접적인 통치와 사회 제도 개선을 통해 민중들의 사상을 분명하게 드러내고 실천하려고 했다.

갑오농민군의 사회 비판 정신

갑오농민군은 당시 사회가 안고 있는 많은 문제들을 극복하기 위해 노력했다. 전주 화약을 체결한 뒤 전라도 지역에는 그 지역을 다스릴 만한 벼슬아치들이 거의 없었다. 이에 정부에서는 전라도 지역 53개 군을 농민군이 직접 다스리도록 했다. 500여 년의 조선 역사에서 농민군이 부분적으로나마 직접 통치를 했다는 것은 매우 큰 의미가 있다.

물론 농민군은 바람직한 방향으로 통치를 했다. 그러나 얼마 지나지 않아 정부는 약속을 어기고 말았다. 농민들은 다시 자기들의 요구를 제시하며 전쟁에 돌입했지만, 정부와 일본의 연합군에 의해 무참하게 짓밟히고 말았다.

이 전쟁 기간에 농민군은 우리나라를 강하게 하고 부유하게 만드는 것이 가장 중요한 일이라고 생각했다. 이를 위해 그들은 여러 가지 사회 문제를 지적하고 그 해결책을 제시했다.

그 첫 번째는 벼슬아치들과 지방에서 힘깨나 쓰는 사람들의 부정과 부패 및 민중 재산의 탈취였다. 당시 우리나라 벼슬아치들 모두가 그러한 것은 아니었지만, 많은 벼슬아치들이 자기들의 사사로운 이익을 위해 비정상적인 방법도 서슴지 않고 민중을 핍박했다. 그래서 뜻있는 선비들은 물론 민중들이 더 이상 참지 않고 들고일어난 것이다. 농민군은 정부가 잘못

동학 농민 운동 1894년 동학도와 농민들이 전봉준을 지도자로 삼아 벼슬아치들의 부정과 부패를 척결하고 신분제 철폐 등을 주장하며 일으킨 운동. 사진 출처–전주한옥마을.

된 벼슬아치를 철저히 찾아내 벌주고, 다시는 그런 잘못을 범하지 못하도록 조치할 것을 요구했다.

둘째, 농민군은 불평등한 신분제 철폐를 강력히 주장했다. 양반과 상민의 차별을 비롯한 일곱 가지 차별을 고치고 소나 돼지 잡는 사람들을 구별하기 위해 머리에 쓰는 갓과 종 문서를 없애라고 주장했다. 농민군은 동학의 평등사상뿐만 아니라, 서양 민주주의사상의 영향을 받아 사람은 누구나 태어날 때부터 같은 인격을 가지고 있다고 강조한다.

셋째, 농민군은 여성이 남성에 비해 인격적으로 대우를 받지 못한다는 점을 지적했다. 남녀불평등 문제는 신분제와 마찬가지로 조선 시대에 사람들이 당연하게 받아들인 의식의 고질적인 병폐였다. 이 모순을 인식했다는 것은 농민군이 매우 진보적인 사상을 흡수했음을 확인시켜 준다.

넷째, 올바른 방식으로 인재를 뽑을 것을 제안했다. '인사는 만사'라는 말이 있듯 능력 있는 인재의 발굴과 적절한 배치는 나라 발전의 기본이라는 것을 그 당시 농민군이 인식한 것이다.

다섯째, 농민군은 땅을 고르게 나누어 농사를 짓게 하자고 요구했다. 농민군은 이렇게 정부에 요구했을 뿐만 아니라, 비록 짧은 기간이었지만 다스릴 때 직접 시행하기도 했다. 당시의 주된 경제생활은 농업이라는 것을 생각할 때 균등한 땅의 분배는 생활의 질을 바꾸는 획기적인 방법이었다.

이렇게 갑오농민군의 사상에는 민주적인 요소가 많았지만 그 기본 노선이 왕조 사회 자체를 바꾸자는 데까지 나아가지 못했다는 한계가 있었다. 그들은 당시의 왕조 사회가 많은 문제를 안고 있는 것은 왕조 사회 자체의 문제가 아니라 운영하는 사람과 제도의 문제라고 생각했다. 그랬기 때문에 부패한 벼슬아치들과 지역에서 권력을 쥔 사람들을 물리치고 문제 있는 제도를 고치는 데 주력했다. 다음 글은 전쟁에 임하는 농민군의 입장이 유교사상을 바탕에 두고 있음을 잘 드러낸다.

나라에 충성을 다하고, 부모에게 효도를 하며, 민중을 편안히 살 수 있게 하고, 다른 나라의 침략자들을 몰아내어 정의와 인도를 밝히고, 양반들을 죽이며 기강을 세우고, 명분을 정해 성인의 가르침을 따르려 하는 데 있다.

그렇지만 농민군이 현실적으로 정치적 힘이 없는 계층이었다는 점을 고려한다면 갑오농민군의 가치를 낮게 평가할 수 없다. 비록 농민군이 왕조 사회 자체를 바꿀 생각을 하지 않았다고 해도 그들의 사상 속에는 이미 근대적인 민주주의사상의 요소가 섞여 있었다. 다시 말해 갑오농민군의 사상은 왕조 사회를 배경으로 하고 있었지만 전통적인 왕조 사회 사상의 틀을 넘어서 새로운 세상에 맞는 새로운 사상을 담고 있었던 것이다.

농민군의 대표적 지도자 전봉준은 "양반과 부자들 앞에서 고통을 받는 민중들과 고을의 원님 밑에서 수모를 당하는 지위가 낮은 벼슬아치들은 우리와 같이 원한이 깊은 자라. 조금도 주저하지 말고 이 시각 바로 일어서라." "세상 일이 날로 잘못되어 가는 것이 안타까워 한번 세상을 구해볼 생각이었다."라는 생각으로 전쟁에 참여했다. 이것은 그가 전통적인 사상의 틀에 머무르지 않고 새로운 사상, 즉 평등 사회를 이룩해 나가는 민주적인 사상을 가지고 있었음을 잘 보여 준다.

갑오농민군의 외세 침략 반대 사상

우리나라는 19세기 말인 1876년 일본과 강화도 조약을 맺은 이후로 미국·영국·독일·프랑스 등 여러 나라와 잇따라 교류 조약을 맺게 되었다. 그런데 조약을 맺은 다른 나라들이 우리보다 힘이 강했기 때문에 조약의 조건이 우리에게 매우 불리하게 적용되었다.

조약의 범위는 정치·경제적인 면과 군사적인 면은 물론 문화와 종교 등 전 영역에 걸쳐 있었다. 우선 경제적으로 그들은 우리나라에서 자기 나라의 상품을 자유롭게 팔게 하고 자기 나라의 돈을 우리나라에서도 사용할 수 있도록 해 달라고 요구했다. 이런 요구는 우리의 경제 구조를 더욱 약하게 만들었고 그럴수록 우리는 더욱 강한 나라의 영향을 받을 수밖에 없었다.

서구 열강은 군함을 앞세우고 우리나라 바닷가까지 들어와서 우리 민중들을 위협한 후 자기 나라에 유리한 조약을 맺었다. 우리나라 정부는 그들의 부당한 요구를 받아들이기 싫었지만, 그들보다 힘이 약했기 때문에 결국은 그들의 요구를 다 들어 줘야만 했다.

서울로 압송되는 전봉준 갑오농민전쟁 당시 농민군의 지도자이자 동학의 접주接主였던 전봉준은 농민 전쟁에서 여러 차례 승리를 거두었으나, 전쟁이 실패로 돌아가자 다른 농민군 지도자들과 함께 죽임을 당했다.

더 나아가 서구 열강은 우리나라가 그들의 종교를 탄압하지 말 것을 강력하게 요구했다. 군사와 경제적인 부분의 강력한 요구가 눈에 쉽게 띄었던 데 반해 종교·사상적인 부분의 요구는 겉으로 잘 드러나지 않았다. 그러나 이것은 그 어떤 것보다도 더욱 중요했다. 서구 열강은 순수한 입장에서 종교의 허용을 주장한 것이 아니라 종교를 통해 우리의 전통적인 정신 가치를 무너뜨리고 우리 문화보다 그들의 문화가 더 낫다는 것을 자연스럽게 심어 주려 했다. 우리가 전통문화를 쓸모없다고 부정할 때, 그들의 문화가 더욱 번성할 것이라는 사실을 그들은 너무도 잘 알고 있었기 때문이다. 그렇게 되면 그들 상품은 물 건너온 고급 제품이란 이미지를 갖게 되어 더 많이 팔리고 그러면 그들은 우리나라를 통해 쉽게 돈을 벌게 된다.

어떤 사람들은 다른 나라의 문화가 우리에게 많이 밀려오는 것과 마찬가지로 우리도 다른 나라에 많은 것을 수출할 수 있지 않느냐고 말하기도 한다. 언뜻 보면 그 말도 틀리지 않은 듯하다. 그러나 그렇게 되려면 조약을 맺는 나라가 서로 힘의 차이가 있더라도 서로의 차이를 고려해서 평등하게 조약을 맺어야 한다.

그러나 불행하게도 지금부터 100여 년 전 제국주의가 세계를 휩쓸었을 때 이런 문화적 특수성이나 국력의 차이는 전혀 고려되지 않았다. 오히려 '백인의 의무'라는 이름 아래 아시아와 아프리카의 전통문화는 야만이라고 무시당하고 버려졌다. 서구 열강의 식민지 지배와 약탈은 경제적·문화적 약탈에 그치지 않았고 식민지 사람들의 생명을 앗아가는 일도 허다했다. 우리나라 또한 신식 무기와 군함을 갖지 못했기 때문에 그들의 요구를 받아들였고 많은 피해를 입을 수밖에 없었다.

서구 열강과 맺은 불평등 조약은 우리나라 사정을 더욱 어렵게 했지만, 오히려 몇몇 관리들은 열강의 힘을 등에 업고 자기들끼리 파벌을 형성했다. 그래서 열강의 침략 의도를 파악하고 여기에 지혜롭게 대처하기는커녕, 그 나라의 입장을 우리한테 강요하기까지 했다. 정부가 열강의 침탈에 강력하게 대응하지 못하자 가장 많은 피해를 입은 계층은 민중이었다. 그리고 여러 나라 중에서도 일본은 가까이서 우리에게 가장 많은 피해를 주었고 그래서 농민군이 가장 싫어한 나라가 일본이었다. 전봉준이 충청도 감사 박제순朴齊純에게 보낸 글에서 이를 엿볼 수 있다.

일본 도둑이 빌미를 꾸미면서 군사를 내어 우리 임금에게 못된 짓을 하고 우리 민중을 흔드니 어떻게 차마 말하리오. 저 임진왜란 때도 일본은 왕의 묘를 헐고 제사 지내는 곳에 불을 질렀으며, 임금과 부모를 욕보이고 많은 민중을 죽였다. 그래서 신하와 민중들이 함께 분노했으니, 영원히 잊지 못할 원한입니다. …… 그런데 지금 정부의 장관은 구차하게 살아 보려는 마음으로 위로는 임금을 협박하고 아래로는 민중을 속여 일본 오랑캐와 배짱을 맞추어 남쪽 민중에게 원망을 불러오고, 친히 군사를 움직여 옛 왕의 바른 계승자를 해치고자 하니 진실로 무슨 뜻입니까? 무슨 짓을 하려고 합니까?

다른 외국인은 다만 교류만 할 뿐이나, 일본 사람들은 군대를 이끌고 서울에 들어와 있습니다.

전봉준은 이 글에서 일본을 조심해야 우리가 살 수 있는데, 오히려 정부 관리들 중의 일부는 일본의 앞잡이가 되어 우리나라를 어렵게 하는 데 앞장서고 있음을 안타까워했다. 전봉준을 비롯한 농민군은 일본의 속셈이 어디에 있는지를 정확하게 파악하고 거기에 대응했다. 그러나 우리 정부 책임자들은 일본의 속셈을 파악하고 대비하기는커녕, 오히려 일본을 등에 업고 농민군을 탄압했다.

농민군의 1차 봉기는 주로 왕조 사회 안에서 사회 부조리를 해결하는 것을 주요 목적으로 삼았다. 2차 봉기의 목적 가운데는 1차 봉기 때와 같이 우리 안의 문제를 해결하기 위한 것도 있었지만, 더욱 중요하게 생각한 것은 일본의 간섭을 없애려는 측면이었다. 왜냐하면 농민군은 우리나라가 스스로 똑바로 서지 못하면 큰 어려움이 닥칠 것이라는 사실을 잘 알고 있었기 때문이다.

그런데 나라와 민족을 위해 그렇게 열심히 준비하고 행동했던 농민군은 어리석은 정부와 탐욕스런 일본의 연합군에 의해 무너졌다. 그 뒤로부터 10여 년 후에 안타깝게도 농민군이 그토록 염려했던, 일본에 의한 강제 병합의 치욕을 경험했다. 진정으로 나라를 사랑하는 사람은 자기가 맡은 일을 성실하게 하는 사람들이다. 그들은 어느 직업을 가지고 있든지에 관계없이 평소에는 열심히 일하지만, 나라가 위기를 당할 때는 목숨을 걸고 위기를 이겨 내기 위해 노력한다.

특히 이름 없는 많은 민중들이 바로 여기에 속하는 사람들이다. 그들은 혜택은 고사하고, 많은 서러움을 안겨줬던 나라지만, 그럼에도 불구하고 다른 나라가 침입했을 때 목숨을 걸고 싸웠던 것이다. 특히 100년 전 갑오 농민전쟁에 참여했던 민중들은 그랬다.

활빈당의 왕도 정치 사상

조선 시대 소설 가운데 허균의 《홍길동전》은 서자로 태어난 홍길동이
'아버지를 아버지라 부르지 못하고 형을 형이라 부르지 못하는' 차별을
박차고 나가 활빈당을 만든다는 내용이다. 활빈당이
란 '가난한 사람들을 살리는 집단'이라는 뜻이다. 그
들은 주로 나쁜 짓을 해서 돈을 많이 번 부자나 민중
들을 못살게 구는 못된 벼슬아치들의 돈을 빼앗아다
가 가난한 사람들에게 나누어 주었다.

《홍길동전》 방각본 몰락한 양반들을 중심
으로 열강의 침략에 대항해서 나라와 민중
을 보호하기 위해 조직된 우리나라 근대의
활빈당은 허균의 소설 《홍길동전》에 등장
하는 활빈당을 그 모델로 삼고 있다.

《홍길동전》에 나오는 활빈당이 근대에 되살아나
1899년부터 1904년까지 우리나라의 곳곳에서 비밀
리에 활동했는데, 그들은《홍길동전》에 나오는 활빈
당처럼 못된 부자들의 재물을 가져다가 가난한 사람
들에게 나누어 주곤 했다. 활빈당은 우리나라를 침략
하는 열강의 속셈도 꿰뚫고 있어서 안으로는 민중의

허균의 생가 강릉시 초당에 위치한 허균과 허난설헌의 생가.

가난을, 밖으로는 무너져가는 나라를 구하려고 했다.

활빈당은 선언서에서 자신들의 입장을 분명히 밝혔다. 자신들은 본래 시골에 사는 어리석은 민중들로서 왕이 건강하게 있기를 바라마지 않았으나 정부의 간신들과 간사한 일본 사람들이 개화를 빌미로 서로 짜고 나라를 어지럽게 만드는 것을 보고 각 도에서 어질고 충성스럽고 의로운 선비를 선발해, 나라와 민중을 보호하고 문명의 발전을 다시 회복하기 위해 일어섰다는 것이다. 아울러 이들은 행동 방침으로 13가지 조건을 제시했는데, 그 내용은 크게 다른 나라의 침략을 강력하게 반대하고, 왕 이하 관리들이 어려움에 빠진 민중을 잘 보호해야 한다는 두 가지였다.

활빈당이 열강의 침략에 대해 강하게 반발한 것은 앞에서 살펴본 갑오 농민군과 비슷한 입장이었다. 그러나 나라 안의 문제를 해결하는 방식에서는 농민군과 달랐다. 민중을 사랑하고 민중의 이익을 위한다는 기본적인 생각은 분명 농민군과 같았다. 하지만 그들은 지나치리만큼 유교적인 이상 정치를 하려고 했다. 즉 민중을 역사를 이끄는 주인공으로 생각한 것이 아니라, 훌륭한 왕이 베푸는 은혜에 감사하며 살아야 하는 대상으로 여겼다. 이러한 그들의 태도는 민중의 직접 통치를 주장했던 농민군과 다르다.

이것은 오늘날의 민주주의적인 생각과도 달라서 여기에는 자유와 평등을 바탕으로 자신의 삶을 스스로 책임질 수 있는 개인의 인격 존중 사상이 빠져 있다. 한 개인은 신분이나 남녀노소에 관계없이 인격을 가진 온전한 한 인간으로서 존경을 받아야 한다. 그래야 비로소 남도 나처럼 존중할 수 있고, 이런 기본이 만들어졌을 때 바람직한 정치가 이루어질 수 있다.

이러한 측면에서 보면 활빈당은 개인의 인격을 그 자체로서 높이지 않았다. 민중에 대해 오로지 왕의 민중으로서, 왕이 베푸는 은혜를 받아야만 하는 소극적인 사람으로 이해했기 때문이다. 이것을 유학에서는 민중이 근본이란 뜻으로 '민본주의'라고 한다. 또한 왕이 늘 백성들과 함께 즐긴다고 해서 '왕도 정치'라고도 한다. 이러한 유교의 왕도 정치 사상은 갑오농민군에서도 발견된다. 그러나 갑오농민군은 여기에 머무르지 않고 민주주의적인 사상으로 발전시켰다.

그런데 활빈당은 시기적으로는 갑오농민전쟁보다 뒤에 활동했지만, 사상적인 측면에서는 유교의 왕도 정치 사상에 머물렀으니 그 이유는 무엇일까?

그것은 활빈당의 사상적 지도자가 다름 아닌 몰락한 양반들이었기 때문이다. 자신들의 몰락한 처지를 바꿔보려는 의식이 개혁의 밑바탕에 있었기 때문에 개혁의 범위와 그 방향이 좁을 수밖에 없었던 것이다. 개혁이 누구에 의해 이루어지느냐에 따라 내세우는 주요 사상도 달라짐을 확인하는 대목이다.

하지만 이러한 한계가 있다 할지라도 활빈당의 투쟁은 우리나라 정부에 많은 자극을 주었다. 활빈당이 보다 나은 삶을 위해 고민하고 생명을 바치면서까지 노력했던 점은 우리가 어떻게 살아야 하는지를 보여 주는 소중한 교훈이다. 그들은 침략자와 지배층에게 커다란 타격을 줌으로써 민중의 민족적·계급적 각성을 높여 주었다. 활빈당은 1904년 이후 일본의 조선 침략에 저항하는 항일 의병 투쟁에 합류했다.

숨 가쁘게 진행되던 조선의 근대 역사는 점점 망국으로 향해가고 있었다. 1905년 러일 전쟁에서 승리한 일본은 이제 조선을 먹기 위한 준비 작업을 마친 셈이었다. 우리나라를 탐내던 청나라와 러시아 세력을 몰아냈기 때문이었다. 이제 일본은 조선을 자신들의 입에 넣기 위한 작업을 본격화한다. 이렇게 위태로운 국가의 운명 앞에서 온 국민은 나라를 살리기 위한 마지막 심혈을 기울였다. 의병 운동이 매우 활발하게 진행되는 한편 신문사, 학교 및 각종 단체를 세우고 백성을 가르쳐 나라를 살리자는 애국계몽 운동이 일어났다.

개화사상이란 무엇인가

1장

어떤 집안 이야기

우리는 여럿이 어떤 일을 할 때 의견이 서로 달라 부딪치는 경험을 종종 한다. 일을 진행하는 순서나 일정 또는 효과적인 방법에 대해 각자 다양한 생각을 할 수 있기 때문이다. 예를 들어 집을 새로 짓는다고 생각해 보자. 할아버지는 한옥으로 된 집을 그냥 그대로 두고 허물어진 데만 고치자고 고집한다. 아버지의 의견은 조금 달라서 집은 한옥으로 하되 내부는 양옥처럼 하자고 한다. 그런데 어머니의 생각은 완전히 달랐다. 한옥에 내부만 양옥처럼 할 것이 아니라 아예 양옥으로 짓자는 것이다.

그뿐만이 아니다. 언제 지을 것인가 하는 시기 문제를 놓고도 의견이 달랐다. 할아버지는 새로 지을 필요가 없다고 했다. 조상 대대로 내려오는 집을 허물고 새로 지을 수는 없다는 것이다. 죽어서 저승에 가서 조상들의 얼굴을 뵈올 면목이 없다는 이유다. 아버지의 생각은 수리만 하고 할아버지가 돌아가시면 그때 새로 짓자고 했다. 그러니 그때까지만 좀 참고 가장 불편한 것만 우선 고치자고 어머니를 달랬다. 어머니는 빨리 새로 짓자고 아버지를 졸랐다. 한옥은 여러 가지로 불편할 뿐만 아니라 이웃집은 벌써 양옥에서 편안히 살고 있는데, 왜 우리 집은 옛날식으로 살아야 하는지 이해가 안 된다고 투덜거렸다. 그리고 빨리 양옥으로 짓지 않으면 나라에서 강제로 허물고 새 아파트를 짓는다는 소문까지 있다는 것도 빼놓지 않았다.

누구의 생각이 올바를까? 판단하기 쉬운 문제는 아니다. 각각의 주장에는 그것을 정당화할 나름의 이유가 있기 때문이다. 한 집안의 문제도 이렇게 복잡한데, 나라의 문제는 더 말할 필요가 없다. 그래서 정치인들끼리 서로 다투기도 하고 지역 주민들이 시위를 하는 등 많은 일들이 일어나는 것이다.

그런데 이 이야기에서 세 사람 주장은 무엇을 위한 것인가? 한마디로 말하기는 어렵지만 '잘살자' 고 하는 것이겠다. 그러면 어떻게 하는 것이 잘사는 것일까? 이 이야기에서 보면 식구마다 조금씩 생각이 다른 것 같다. 할아버지는 옛것을 지키는 것이 잘사는 것이라는 생각이다. 김치와 된장찌개와 따뜻한 온돌방이 우리 한국 사람에게는 최고라는 생각과 통한다. 이웃과 화목하게 지내기에는 양옥보다 한옥이 더 어울릴 수도 있겠다.

아버지는 옛것의 장점은 살리되 편리하게 고치는 것이 잘사는 것이라는 생각이다. 우리의 전통인 온돌은 살리되 대신 보일러로 바꾼다든지, 가족이 불편하지 않게 실내에 화장실과 목욕탕도 만든다는 생각이 그렇다. 그리고 할아버지의 입장도 이해하면서 어머니의 생각도 조금 들어 주는 입장이다.

어머니의 생각은 이웃집과 같이 시대의 변화를 따르자는 것이다. 남들은 좋은 아파트나 양옥에서 편리하게 생활하는데, 한옥은 여러 가지로 불편한 게 많다는 생각이다. 이제는 세계가 한 마을처럼 지구촌이라 하는데 아직도 케케묵은 옛 생각을 할 겨를이 없다는 것과 통한다. 이미 식탁엔 태국산 바나나와 미국산 쇠고기와 중국산 물고기가 올라오는 실정인데, 옛날식을 고집한다고 일이 해결되는 것이 아니라는 생각이다.

할아버지의 생각은 옛것을 지킨다는 좋은 점이 있지만, 한편으로는 너무 고리타분하다는 지적을 받을 수 있다. 세상은 변한다. 바쁘고 할 일이 많은 세상에 옛날처럼 갓 쓰고 도포 입고 살 수는 없는 것이다. 빠르게 변화하는 세계에 발맞추지 못하면 다른 나라에 뒤처지게 된다. 따라서 옛것만을 고집하는 것은 문제가 있을 수 있다.

아버지의 생각도 그럴듯하다. 그러나 할아버지와 어머니 사이에서 눈치만 보고 자기의 주장을 분명하게 보여 주지 못하고 있다. 두 가지 입장을 절충해 문제를 해결하려는 것이다. 경우에 따라서는 옳고 그름이 분명해야 할 때도 있는데 말이다.

어머니는 무엇이 불편하고 잘못됐는지를 잘 알고 있다. 한편으로 유행과 이웃집의 모습에 대단히 민감하다. 그러나 불편한 것만 신경 쓰다 보면 오히려 소중한 것을 잃기 쉽다. 한때 사용하기 불편하다는 이유로 버렸던 것들이 지금의 소중한 문화재가 된 것이 많다. 이를테면 유기그릇을 버리고 플라스틱을 사용하고 황토집을 버리고 시멘트로 집을 지었다. 그런데 플라스틱의 유해 성분이라든지 시멘트 건물에서 나오는 독소가 문제되고 있지 않은가?

앞으로 이야기할 내용은 사실 모두 다 한 셈이다. 다음에 나올 역사적 사건을 이 이야기와 관련지어서 생각해 본다면, 아버지의 입장은 시무 개화파라고 할 수 있고 어머니의 견해는 변법 개화파라고 할 수 있다. 그리고 할아버지의 입장은 앞에서 살펴본 위정척사파라고 하겠다.

개화란 무엇인가

　개화란 무엇을 뜻하는 것일까? 쉽게 생각이 떠오르지 않는다. 그러면 거꾸로 개화의 반대말은 무엇인가? 그것은 미개다. 우리가 식인종을 미개인이라고 말할 때 바로 개화의 반대 뜻으로 사용한 말이다. 개화란 이렇게 이치에 맞지 않는 것을 이치에 맞도록 고치는 것을 뜻한다. 그런데 개화는 문명과 같은 뜻으로도 쓰였는데, 그렇다면 문명의 반대말은 야만이다.

　개화와 문명, 미개와 야만이란 용어는 19세기부터 사용되었다. 그 이전에는 고급문화를 누리는 중화와 저급문화를 가진 오랑캐로 나누는 화이론이 있었다. 그러니까 개화란 용어는 서양 세력이 밀려오면서 '서양 문명을 어떻게 이해할 것인가?'라는 문제와 밀접히 연관되어 있는 셈이다. 역사적으로 보면, 개화사상은 19세기 후반에 등장해서 20세기 초반까지 영향을 미쳤다. 그러면 그 당시 개화사상은 어떤 내용을 갖고 있었는가?

　박지원의 손자면서 개화사상의 싹을 틔운 박규수는 시무학時務學에 힘써야 한다고 주장했다. 그는 서구 열강의 군함을 막아 내려면 중국이 유럽 열강에 무너지는 현실을 고려해서 근대적 사회 개혁에 힘써야 한다고 판단했다. 박규수의 생각을 이은 김윤식도 개화란 당시 가장 힘써야 할 일[시무(時務)]이라고 했다. 김윤식은 개화의 내용을 "지금의 시무는 모두 서양의 가지와 꽃잎이다. 근본을 지키지 않고 먼저 타인의 말단을 배운다면 어찌 안다고 하리오!"라고 비판했다. 그는 조선 사회의 근본적인 변화보다는 제도적 보완과 외국과의 통상과 근대적 생산력을 높이는 쪽에 힘썼다. 다시 말해 근본이 되는 유학사상을 버리거나 왕조 체제 자체를 바꾸자는 주장은 아니었다.

　근본이 되는 유학에 대한 신념을 버리지 않았던 사람들은 서양의 발달된 과학 기술과 관계되는 것만 받아들이고, 종교와 도덕 등은 우리 것을 지키자는 사람들이었다. 다른 말로 말해 서양의 발달된 물질문명은 받아들이되, 우리 동양의 우수한 정신문명은 지키자는 것이다. 이것을 동도서기론東道西器論이라고 한다. 이들은 동도서기가 시무라고 생각했기 때문에 시무 개화파라고도 부른다.

반면 근대식 문명화에 보다 적극적이었던 김옥균의 경우는 양반 중심의 그리고 중국 중심의 세계에서 벗어나 임금의 권한을 제한하고 민권을 높여서 근대적인 정치 체제를 만들려고 했다. 개화파는 척사파와는 달리 서양 문명을 배척하기보다는 서양식의 문물을 들여오거나 배워서, 우리나라의 부강과 자주 독립을 위해 조선 사회를 바꿔보려고 했다. 이들은 서양 것이든 동양 것이든 문제 삼지 말고 우리에게 도움만 된다면 무엇이든 좋다고 보았다. 그래서 실생활에 도움이 된다면 이것저것 가리지 말고 하루 바삐 외국 문물을 받아들여야 한다고 주장했다. 이들은 문명개화에 주목했기 때문에 문명 개화론자 혹은 변법 개화파라고 부른다.

그러면 우리의 전통적 정신이 모두 다 오늘날에 맞는 훌륭한 것인가 아니면 반대로 쓸모없는 것일까? 또 아니면 버릴 것도 있고 쓸모 있는 것도 있을까? 그렇다면 어떤 것이 쓸모 있고 어떤 것을 버려야 하는가? 이런 문제는 앞으로 이야기될 것이다. 당시 우리 조상들도 개화를 놓고 이 같은 고민을 하면서 나름의 방안을 제시했다.

개화가 싹트는 박규수네 사랑방

실학과 개화사상을 잇고 개화파를 연 인물은 박규수다. 그는 실학자 박지원의 친손자로서 할아버지의 학문적 분위기를 이었다. 미국 상선 제너럴 셔먼호가 배에 무기를 싣고 대동강으로 거슬러 올라와 행패를 부릴 당시 그는 평안도 지방의 관찰사로 있었다. 그는 평양 백성들과 함께 서양 사람들과 싸워 그 배를 불태워 버렸는데, 그 사건으로 인해 미국과 싸움을 치렀다. 또 천주교를 탄압한다는 구실로 프랑스가 쳐들어오자 이들과도 전쟁을 치렀다. 그리고 두 차례나 중국에 사신으로 다녀오는 등 관리로서 여러 사건을 겪으면서 국제 사정과 서양 문물에 눈을 뜨게 되었다.

그래서 박규수는 김옥균·박영효朴泳孝·홍영식洪英植·유길준兪吉濬 등 대부분 서울 양반촌에 사는 유명한 집안의 젊은이들을 자기 사랑방에 불러 모아 서양을 소개하는 책을 같이 읽고, 서양식 화포(대포)와 화륜선(증기 엔진을 이용한 배)을 받아들일 것을 주장했다. 서양이 우리나라 근처에 본격적으로 나타난 지 몇십 년이 지난 후의 일이다.

그들은 《연암집》이나 《해국도지海國圖志》 등과 같은 책을 함께 읽었다. 《연암집》은 그의 할아버지 박지원의 글을 모은 책이고 《해국도지》는 청나라 위원이라는 사람이 주로 서양 사정에 대해 쓴 책이다.

박규수가 젊은이들에게 지구본을 빙빙 돌리면서 말했다.

"하늘에서 보면 모두가 똑같은 나라인데, 오늘날 세계의 중앙인 나라(중국)가 어디 있는가?"

"'동방예의지국'이라는 것은 옛날 중국 사람들이 거만한 태도로 우리나라를 귀엽게 보아 다른 오랑캐보다 조금 낮게 여긴 말이지, 결코 자랑스러운 말이 아니다."

그는 오랑캐니 중화니 하는 것을 따질 것이 아니라 우리도 서양 사람들처럼 새로운 기술을 익혀야 한다고 보았다. 그래야 나라를 부강하게 하고 국방도 튼튼하게 해서 외적의 침입에 대비할 수 있기 때문이다.

그러나 박규수가 중국이나 오랑캐가 같다고 해서 전통적인 유교의 가치마저 부정한 것은 아니었다. 그는 비록 서양의 발달된 문물을 받아들여야 한다고 믿고는 있었지만, 도덕에서는 유교의 우월성을 확고하게 믿었던 유학자였다. 그의 개화사상은 옛날부터 내려오는 전통적인 도덕과 사회의 모습은 그대로 두고, 서양의 발달된 기술 문명을 받아들이자는 생각이었다.

개화사상은 실학사상의 장점을 수용하기도 했다. 첫째, 실제의 일에서 진리를 구한다는 실사구시의 태도다. 둘째, 전반적으로 사회를 개혁해야 한다는 사상이다. 셋째, 중국과 오랑캐의 나라를 동등하게 보는 태도다. 이렇게 개화사상은 실학사상에 바탕을 두고 우리 스스로 나라의 문호를 개방하자고 했다.

실사구시는 있는 그대로의 사실을 탐구하려는 태도다. 예를 들면 전염병은 귀신의 장난이 아니라 병균이 옮긴다는 오늘날의 과학적 태도와 같다. 실학자들은 이 실사구시를 내세워 주자학을 비판했다. 개화 사상가들이 자신들과 반대되는 위정척사파를 비판할 때도 실사구시는 유익한 철학적 태도였다. 이러한 태도는 실제 생활에서 미신적이고 근거 없는 것들을 배척하며, 이치에 맞고 생활에 도움이 되는 과학적 탐구 정신과 통하는 것이었다.

실학 사상가들처럼 개화 사상가들도 중화인과 오랑캐를 구분 짓던 사고 방식을 버렸다. 그런 까닭에 청나라를 섬기는 것이나 서양이나 일본을 배척하는 태도를 버리고 자주적인 입장을 보였다. 이런 태도와 연결되는 것이 자주적 문호 개방이다. 실학파들은 나라의 문호를 개방해 해외 통상을 실시하고, 청나라와 유럽의 과학 기술을 도입해서 물질적 생활을 넉넉하게 하자고 주장했다. 개화파들도 1876년 개항이 있기 전부터 자주적 개국을 주장했다. 곧 나라를 바로잡고 외세를 물리치기 위해서는 외국의 우수한 과학 기술을 배워야 한다는 입장을 가졌다.

다음으로 낡은 제도나 관습을 반대하고 고쳐야 한다고 생각했다. 농민이나 상인의 아들이라도 재주 있고 배운 것이 있으면 벼슬을 할 수 있어야 한다고 생각했다. 반대로 양반의 자식이라도 재주와 배운 것이 없으면 비천하게 되는 것이 당연하다고 여겼다. 이는 능력 위주로 인재를 골라 써야 하고 양반도 농업이나 상업 등의 생산적 직업에 종사해야 한다는 생각이었다. 곧 모든 사람은 노동을 해야 한다는 사상이다. 이런 실학사상은 개화사상에서 모든 사람이 평등하다는 사상으로 발전했다.

개화의 주역들

개화는 빠를수록 좋다

개화가 필요하다고 생각했던 사람들도 서로 생각이 달랐다. 즉 청나라와 어떤 관계를 유지할 것인가, 어떤 방식으로 개화 정책을 펼칠 것인가, 외국 문물을 받아들이는 데 어떤 방법을 취할 것인가 등에 대해 서로 입장의 차이를 보였다. 개화 사상가들이 개화에 대한 의견이 달랐던 이유는 우리 스스로 개화에 대한 통일된 합의를 이루어 내지 못했기 때문이었다. 개화파들의 노력과 관계없이 일본이 강제적으로 문을 열었기 때문에, 개화 사상가들은 강대국의 입장에 휘둘렸다. 김윤식 등은 청나라를 중심에 두고 있었고 김옥균 등은 일본에 기울어 있었다.

1882년 임오군란 이후 서울에 주둔한 청나라 군사의 행패도 심했지만 조선에 대한 청나라 간섭은 점점 심해졌다. 일찍이 약속했던 '정치와 교육과 법령은 조선이 알아서 스스로 결정한다.'는 관례마저 깨버렸다. 그

갑신정변의 주역들 왼쪽부터 김옥균, 서광범, 박영효, 홍영식. 이들은 시급한 개화만이 살 길이라고 생각해 갑신정변을 일으켰으나 이들의 개혁은 백성들의 호응을 얻지 못한 채 3일 만에 실패로 끝났다.

런데도 우리나라는 청나라에 항의조차 제대로 못하는 형편이었다.

왜 항의를 못했을까? 아니면 항의를 안했을까? 아마 둘 다 맞을 것이다. 이 점은 외국 군대가 어떤 나라에 주둔하고 있을 때, 그 군대의 도움을 받는 정권의 한계다. 근대 이후 우리나라 역사는 청나라에서 일본으로, 다시 일본에서 미국에 휘둘리면서 그렇게 흘러 왔다. 아직도 미군은 이 땅에 주둔하고 있다. 어느 나라든 군인은 자기 나라 백성을 지키지 외국인을 보호하지는 않는다.

청나라에 너무 의존해 있는 현실을 답답하게 여긴 김옥균을 비롯해 박영효·서광범·홍영식·서재필徐載弼·박영교朴泳教 등의 젊은이들은 오히려 청나라가 조선의 독립과 발전에 큰 방해물이라고 여겼다. 그래서 그들은 청나라로부터의 자주 독립이 가장 중요한 과제라고 생각해 개화에 대한 열의를 불태웠다.

박영효는 이러한 자기들의 입장을 "새로운 것에 나아가 스스로 주인 노릇 한다."는 것이라고 밝히고 반대파들의 입장을 "옛것만 지키고 남을 의지한다."라고 지적했다. 그들은 일본의 개화를 조선 사회 개혁의 본보기로 삼고, 대신 청나라에 대항해 독립하려는 생각을 가졌다. 특히 김옥균·홍영식·박영효 등은 조선의 개화를 평화적으로 달성하기 위해 국왕을 자주 만나려고 노력했다. 그래서 국왕을 개화에 눈뜨게 하고자 노력했다. 대체로 이와 같은 생각을 가졌던 개화파들은 새로운 사회를 만드는 데 좀 더 철저했다. 갑신정변 당시 김옥균이 주도한 강령에 나타난 그들의 개혁론을 보면 그러한 점을 확인할 수 있다.

개화파들은 우선 정치적인 면에서 오늘날과 같은 민주주의 국가로 만들려는 생각을 어느 정도 갖고 있었다. 밖으로는 청나라를 섬기는 허례를 없애고 독립을 확보하려 했고, 안으로는 조선 왕조의 전제주의를 오늘날의 영국이나 일본처럼 왕이 있지만 정치에 참여하지 않고 헌법에 의해 다스리는 형태로 바꾸려고 했다. 뒷날 박영효가 일본 망명 중 왕에게 올린 글에서 "진실로 한 나라의 부강을 이루어 모든 나라들을 대항하려면 임금의 권리를 다소 약화시키고, 인민이 마땅한 자유를 얻어 각기 나라에 이바지해서 점차 문명화해야 한다."라고 주장한 사실에서 이를 알 수 있다.

또 신분과 관계없이 인재를 두루 등용함으로써 인민이 평등하다는 것을 실천하려 했다. 특히 재능에 의한 인재 등용을 내세운 것은 양반 중심으로 실시하던 과거 제도의 사실상의 폐지를 뜻한다. 경제적인 면에서는 세금 제도를 개혁함으로써 국민의 부담을 줄이고, 보부상을 관장하던 기관을 없애 상공업의 자유로운 발전을 추진해야 한다고 했다. 이렇게 해서 오늘날과 같은 산업의 기초를 닦으려고 했다. 그 밖에 근대적인 경찰 제도와 군대를 창설함으로써 군사 방면에서도 개혁을 꾀했다.

그러나 토지 제도에서는 토지를 농민에게 나누어 주지 않고 지주가 토지를 소유하는 제도를 그대로 두었다. 다만 세금 거두는 법의 개혁만 내세웠기 때문에 이들의 사상은 백성들을 위한 근본적 개혁이라고 말할 수는 없다.

김옥균과 그의 동지들

김옥균을 비롯한 문명 개화론자들은 하루빨리 청나라의 영향에서 벗어나 문명화된 근대 국가를 이루고 싶었다. 홍영식의 말대로 "이대로 몇 년이 지나면 조선은 개혁하더라도 다시 조선인이 조선을 다스리기는 어렵지 않을까 하는 걱정을 누를 길 없다."라는 초조감이 있었다. 김옥균과 그의 동지들은 마침내 1884년 갑신정변을 일으켰다. 이 일은 사전에 계획되어 있었으며 일본의 도움도 약속받아 놓았다. 개화파의 핵심 세력이 군사권과 재정권을 장악해 새로운 정부를 조직하고, 청나라에 대한 조공과 허례를 폐지할 것, 백성의 평등권을 제정해서 재능에 따라 인재를 등용할 것, 조세 제도를 개혁할 것, 군대를 개편할 것 등을 주요 내용으로 하는 14개 정치 강령(정강)을 만들어 발표했다. 그러나 일본은 파병하겠다는 약속을 지키지 않았고 대신에 청나라 군사가 몰려와 정권은 3일 만에 끝나고 말았다. 김옥균 일파는 현장에서 살해되거나 일부는 해외로 망명했다.

김옥균의 개화사상은 그가 일본 망명 중에 정리한 《갑신일록甲申日錄》과 고종에게 보낸 글에 잘 나타나 있다. 특히 《갑신일록》에는 갑신정변 당시 발표한 정치 강령 14개 항목이 수록되어 있는데, 이들 조항은 대부분 김옥균이 쓴 것으로 보인다. 그는 실제의 일에서 진리를 구한다는 실사구시의 철학적 태도를 견지한 사상가이자 개혁가였다. 그는 "내 생각으로는 실사구시만한 것이 없다. 곧 한두 가지 긴급하고 중요한 것들을 급히 시행해야 한다. 거창한 계획을 펴서 한갓 헛된 말이 되게 해서는 안 된다."라고 주장했다.

이에 따라 김옥균은 현실의 문제를 자세히 탐구했고 그 결과 위생·농업·양잠·도로 등에 관한 자세한 개혁안을 내놓았다. 아울러 신이나 귀신과 같은 신비한 존재를 부정했다. 김옥균이 훗날 서양 기독교를 받아들였는데 이것 역시 기독교가 백성을 교육하기에 편리하다는 철저히 실리적인 이유 때문이었다. 그리고 그가 생각한 개화는 서양 문명의 수입만을 뜻하지 않고 앞에서 살펴본 바와 같이 청나라로부터의 독립이라는 내용까지 포함하고 있었다.

김옥균 급진 개혁파의 지도자로 갑신정변을 주도했으며, 우리나라 개화사상의 형성에 크게 기여했다.

철종 임금의 부마였던 박영효도 실사구시의 태도를 보였다. 그의 사상은 1888년 초 국왕에게 올린 국정 개혁에 관한 〈건백서建白書〉에 대부분 나타나 있는데 "동양의 도덕이니 서양의 기술이니 하는 것이 문제가 아니다. 동양의 학문이건 서양의 학문이건 실생활에 도움이 되는 것을 골라서 발전시키면 된다."라고 주장했다. 박영효는 사상적으로 유학에 대해 자유로운 입장을 보였다. 그는 "무릇 실생활에 도움 됨은 귤과 같고 번드르르하게 겉치레로 꾸미는 것은 향기와 같사오니, 향기가 귤로 인해 생기는 것이지 어찌 귤이 향기로 인해 생기는 일이 있겠습니까?"라고 되물으며 실생활에 도움이 된다면 서양 학문을 과감히 받아들일 수도 있다는 의견을 보였다. 실생활에 이로운 것을 중시하는 입장은 곧 '병은 그 실제적인 증상을 진찰해 그에 적합한 약을 먹는다면 낫지 않을 것도 없다.'라는 의학 상식과 통한다. 그 역시 근본을 취하느냐 말단을 취하느냐에 따라 학문의 성격과 흥망성쇠가 결정된다고 보았다. 그래서 실제의 학문이냐 껍데기의 학문이냐를 문제 삼고 있는 것이다.

그리고 종교에 대해서는 "모든 종교는 인민이 의지하는 것이며 교육의 근본이다."라고 하면서, 어느 종교를 믿든 간에 그것은 인민의 자유에 맡겨야지 국가가 간섭해서는 안 된다고 했다. 특히 박영효는 국왕의 권리를 줄여 인민의 자유와 권리를 늘려 주는 것은 바로 나라가 흥하느냐 망하느냐에 관계되는 중대한 일이라고 했다. 그것은 국가의 흥망성쇠를 좌우하는 것이 국민의 노동력과 정신적 에너지를 높일 수 있는지에 있고, 또 이를 위한 민주주의를 만들 수 있는가에 달려 있다는 입장에서 비롯한 것이다.

갑신정변의 실패

갑신정변은 실패로 돌아갔다. 정변을 일으킨 사람들은 살해되거나 해외로 망명했다. 이 때문에 이후부터 정부 내에서 개화라는 말만 나와도 이를 갈았으니 결과적으로 개화에 찬물을 끼얹은 셈이다. 1885년 4월 청나라와 일본 사이에 조약이 이루어져 두 나라 군대는 조선에서 완전히 철수했다. 그러나 수구파인 민씨 정권이 되살아나고, 그 뒤 십년 동안은 개화 운동에 대한 논의가 거의 없었다.

갑신정변의 실패 원인에 대해 뒷날 서재필은 "청나라 사람 원세개의 간섭으로 독립당의 3일간의 꿈은 깨어지고 말았다. 그 계획에는 부족한 것도 많았지만, 무엇보다도 그 계획에 까닭도 모르고 반대한 일반 백성들의 무지몽매가 큰 원인이었다."라고 회고했다. 이 '백성들의 무지몽매'는 백성들에게 개혁 의지가 없었기 때문에 비롯된 것은 아니다. 독립당의 개혁 자체가 백성들의 도움과 협조를 바탕으로 한 것이 아니라 몇몇 똑똑한 사람들에 의한 개혁 운동이었기 때문이다. 다시 말해 개화사상이 백성에게 충분히 전파되지 않았으며 조직적으로 도와주는 사람들이 거의 없었음을 뜻한다. 오히려 그들은 당장 눈앞에 보이는, 청나라와 친하게 지내는 정치인들을 없애는 데 바빴다. 그들의 말대로 "당장 결말을 내든가 아니면 영원히 이루어질 수 없는 것이다."라는 생각으로 조급한 마음에 일단 일을 저질러 놓고 보았다.

이렇게 백성들의 호응을 얻지 못하고 도와주는 사람이 생기기도 전에 일을 서두르다 보니 힘은 부족하고 마음은 조급해 외국의 힘에 기댈 수밖에 없었다. 더욱이 일본을 의지했기 때문에 개화파는 친일파라는 인상을 짙게 심어 주었다. 이것이 백성들의 반일 감정과 맞물렸던 것이다. 백성들은 그들을 친일 매국의 무리로 생각했고 정변이 실패하자 백성들은 개화당을 쳐부수자는 구호를 외치며 울분을 터뜨리기까지 했다. 이런 이유로 일반 백성들뿐만 아니라 개화파를 누구보다도 잘 이해해 줄 것이라고 믿었던 외국의 외교관들까지도 그들을 '분별없는 젊은이들'이라고 표현했다. 당시 김옥균은 34세, 홍영식이 30세, 서광범이 26세, 박영효가 24세였다.

대체로 이들이 실패한 이유는 외국의 힘에 의지했고, 백성을 교육하지 않고 조급하게 진행한 데 있었다. 또 조선에 주둔한 청나라 군대를 너무 얕보고, 일본군을 너무 믿었던 것이다. 그리고 당시의 국제 사정에 대한 판단의 잘못도 있었다. 한마디로 그들을 따르고 밀어 줄 사람들이 없었다는 것이 실패의 가장 큰 원인이었다.

갑신정변을 겉으로만 살펴볼 때, 국제적으로 민씨 일파를 도와주고 있던 청나라의 간섭을 없애기 위해 일본의 힘을 빌려 보려다 실패한 사건이라고 말할 수 있겠다. 그러나 이들이 나라의 발전과 자주를 실천하려고 한 운동의 선구자였다고 하는 데에는 반대 의견이 없을 것이다. 그럼에도 불구하고 이들 몇몇 지식인의 개화사상은 아직 많은 백성 속에 뿌리 내리지 못했고 다만 임금 가까이 있는 반대파를 없애고 권력을 잡아 개혁하려는, 말하자면 위로부터의 개혁이라는 한계를 지니고 있었다.

갑오개혁과 그것이 남긴 교훈

서양 문명을 수용하되 유학 정신은 지키자

김윤식 등의 시무 개화파는 대체로 장년층에 속해 있던 인물로서, 청나라가 서양을 배우고자 한 양무운동을 모델로 삼았다. 그들은 유학 자체를 부정하지 않았고 그 정신적 가치를 유지하려고 노력했다. 1882년 고종은 "서양의 종교는 나쁜 것이므로 멀리해야 하지만, 그들의 기계나 과학은 이로워서 잘 사용하면 살아가는 데 도움이 된다."라고 발표하면서 서양의 앞선 기술 문명을 수용하려는 의지를 드러냈다. 고종의 이 말에 의지해서 개화 운동이 본격적으로 일어났다.

대표적인 동도서기론자인 신기선은 유학사상을 변화할 수 없는 보편적인 것과 시대에 따라 변화해야 하는 것으로 구분했다. 예를 들면 유학의 인의예지신과 효제충신孝悌忠信은 어느 때 어느 곳에서도 인간이라면 누구라도 반드시 지켜야 하는 바른 도덕, 즉 정덕正德이다. 따라서 정덕은 변

유길준 일본을 거쳐 미국에서 공부하고 돌아와 김홍집 내각의 내무 대신이 된 개화 운동가. 아관 파천 후 일본에 망명했고 다시 귀국해서 교육과 계몽 운동에 헌신했다.

화할 수 없으며 서양 문명 가운데 정덕 부분을 헤치는 것은 받아들여서는 안 된다고 보았다. 그러나 서양의 앞선 과학 기술[서기(西器)]은 이용후생하는 데 절실히 필요한 것이므로 하루빨리 받아들여야 한다고 보았다. 이용후생이 넉넉해야만 정덕을 실천할 수 있을 뿐만 아니라 부강한 나라를 건설할 수 있기 때문이다. 시대는 이미 변해 서양 문명을 외면하고서는 발전할 수 없는 상황에 부딪혔기 때문에 정덕을 지키는 방법 또한 시대 변화에 발맞추어 달라져야 한다는 것이 신기선의 생각이었다.

그러나 이들도 갑신정변이 실패로 끝난 이후 한때 조심할 수밖에 없었다. 김윤식과 어윤중이 갑신정변에 간접적으로 관여했다는 이유로 귀양을 갔고, 김홍집이 정치에서 사퇴한다는 뜻을 보였다. 유길준은 유학에서 돌아와 민영익의 별장에 갇혀 있던 중《서유견문西遊見聞》을 썼다.

이 시기 이들은 앞 다투어 김옥균 등을 비판하면서 스스로에 대해 변명했다. 예를 들면 김윤식은 "갑신정변의 역적들은 서양을 높이고 성인을 헐뜯으며, 인류 도덕을 야만이라 하여 그 성인의 도덕을 바꾸려 하면서 늘 개화라 말했다."라고 했는데, 이 말은 당시 살벌하고 잘못된 세상에 아첨하고자 했던 김윤식의 태도를 그대로 보여 준다.

결국 이들의 개화사상은 "개화란 곧 그때그때 해야 할 일일 뿐이다[시무(時務)]."라는 김윤식의 표현 속에 잘 드러난다. 김윤식은 공업과 상업을 발전시키거나 개혁을 행하는 서양과 중국의 경우와는 달리, 조선의 개화는 청렴을 숭상하고 가난을 없애 백성을 구제하는 데 힘쓰며 조약을 잘 지켜 우방과 틈이 벌어지지 않도록 하는 것이라고 보았다. 결국 이들은 개화를 점차적으로 하는 것을 중시하고 유교적인 도덕을 해치지 않는 범위 안에서 고치는 데 머무르고 말았다. 유학의 도덕을 지키면서 서양의 앞선 기술을 받아들이자는 논리를 동도서기론이라고 한다. 이러한 개화 정책은 본래 그 의도가 위기에 처한 조선 왕조를 강하게 하기 위한 것이었으므로 개혁을 이루어 내는 데 처음부터 한계를 지닐 수밖에 없었다.

갑오개혁을 통한 근대적 개혁

갑오년인 1894년에는 우리의 역사에서 중요한 일들이 많이 일어났다. 갑오농민전쟁이 있었고, 그 일을 빌미로 청일 전쟁이 일어났으며 그런 비상시국 속에서 갑오개혁이 이루어졌다. 갑오개혁은 조선의 정치·경제·사회 등 각 분야에 걸친 근대적 개혁이었다는 점에서 매우 중요한 역사적 사건이다.

갑오개혁이 실시된 데에는 역사적 사건이 복잡하게 얽혀 있었다. 우선 앞 장에서 살펴본 것처럼 갑오농민전쟁이 일어났다. 정부는 여러 전투에서 동학군에게 패하자 청나라에 구원병을 보내 달라고 요청했다. 그러자 일본은 청나라가 조선에 출동했다는 소식을 듣고 일본 공사관과 일본 거류민을 보호한다는 구실을 내세워 군대를 보냈다.

청나라 군대와 일본군이 들어왔을 때는 동학군이 이미 전주성을 떠난 뒤였다. 농민군이 패하고 나자 조선 정부는 사태가 진정되었으니 군대를 철수해 줄 것을 요구했다. 그러나 일본은 조선의 개혁을 떠맡아야 한다는 구실로 이를 거절하고 청일 전쟁을 일으켰다. 청일 전쟁에서 승리한 일본은 청나라와 가까이 지내는 세력을 조정에서 내쫓고 개혁을 단행했다. 청나라 세력이 조정에서 물러나자 일본은 우리나라의 정치를 단독으로 개혁하려고 친일파를 앞세워 혁신 내각을 조직했다. 내각을 조직한 김홍집은 군국기무처를 설치해서 정치와 경제 및 사회적 개혁을 단행했다.

그 내용은 다음과 같다.

첫째, 조선이 청나라와 맺은 조약은 모두 버리고 자주권을 확보한다.

둘째, 지방 관리 제도를 고치며 양반과 평민은 법률상으로 동등하다.

셋째, 과거 제도를 없애 귀천과 문벌을 따지지 아니하고 누구나 평등하게 인재를 등용한다.

넷째, 노비의 문서를 없애고 죄인은 그 죄를 본인 이외의 가족에게 묻지 않는다.

다섯째, 과부의 재혼을 허락하고 세금을 돈으로 바친다.

여섯째, 모든 저울과 들이 단위는 일본식으로 통일한다.

이렇게 겉으로는 조선이 서양의 나라들처럼 많이 개화된 것 같아 보였다.

옛날 한 연못에 많은 개구리들이 살았다. 개구리들은 물뱀에게 자주 잡아먹히자 자기들을 보호해 줄 임금님을 원했다. 그래서 황새가 임금이 되기를 자청했다. 황새는 처음에 물뱀을 잡아먹어 개구리를 도와주었다. 그런데 시간이 갈수록 연못의 개구리 숫자는 점점 줄어들었다. 왜 그럴까? 바로 황새가 몰래 개구리를 잡아먹어서 그렇다.

갑오개혁의 중심 세력이던 개화파들은 어쩌면 이 연못의 개구리와 같은 입장이었다. 갑오개혁은 얼핏 보면 여러 면에서 조선의 개화를 위한 것처럼 보이지만 이 개혁 안에는 일본의 이중적인 속셈이 도사리고 있었다. 그들이 부르짖는 조선의 자주란 사실상 일본의 경쟁국인 청나라의 간섭을 없애자는 의도에서 나온 것이었다. 돈으로 세금을 내고 저울을 통일하자는 것도 일본이 경제적으로 침략하는 데 편리하게 하기 위한 조치였다. 그뿐만이 아니었다. 양반의 특권을 없애는 것과 사회 개혁은 농민 전쟁에서 요구된 농민의 요구를 들어 주어 농민의 환심을 얻으려고 한 것이다. 동시에 일본을 반대하는 양반들을 억누르고자 하는 속셈이었다. 그 증거로 일본에 맞서 투쟁하던 초기 의병 지도자 중에는 양반 유학자들이 많았다는 점을 들 수 있다.

이런 일본의 속셈이 들어 있었지만 갑오개혁은 제도적인 측면에서 근대화의 시작이었다. 그렇지만 개혁이 주체적으로 이루어지지 않고 일본의 압력에 의한 것이었기 때문에 실제적인 성과를 거두기는 어려웠다. 오히려 민중들은 반일 운동에 더 적극적이었다. 예를 든다면 일본 사람들이 명성 황후를 살해한 을미사변 후에 대다수의 개화파 인사들은 분노한 민중에게 살해되거나 일본으로 다시 망명해야만 했다.

개화 정책이 성공하지 못한 가장 근본적인 원인은 자기 일을 스스로 결정하고 실천하지 못한 탓이다. 근대적 변화를 이루기 위해서는 세계 변화에 적극 대처해야 했음에도 불구하고 우리는 서로 다른 의견을 내놓고 논쟁만 벌이다가 기회를 놓치고 말았다. 그러나 19세기 제국주의 침략의 파도 속에서 아시아, 아프리카 그리고 아메리카 어떤 대륙도 자유로울 수 없었으며, 그들의 침략에 당당하게 대처할 수 있는 처지가 아니었다. 근본적으로 자기 나라만 잘살기 위해 다른 나라 인권과 경제를 짓밟는 행위 자체가 잔인한 짓이다. 그렇다고 그들의 침략에 당당히 맞서지 못한 조선 정부와 조선인의 책임이 가벼워지는 것은 아니다. 도둑질한 사람이 나쁜가 도둑질 당한 사람이 더 나쁜가? 우리에게도 일부의 책임은 있는 것이다.

동양과 서양은 어떻게 만나야 하는가

우리가 일본에 의해 강제로 항구를 열었다고 했다. 당시 항구를 연다는 것은 다른 나라와 물자를 교류해서 국익에 보탬이 되게 하는 경제 정책의 하나로서 세계적인 흐름이었다. 우리나라도 이 흐름에서 예외일 수 없었다. 다만 항구를 여는 계기가 국제 개방에 대한 주체적인 각성에 의해서가 아니라 열강의 강제에 의한 것이라는 점이 원래의 '항구를 여는' 본뜻에 어긋나 있었다.

항구를 엶으로 해서 우선 외국 상품이 들어온다. 이때 들여온 외국 상품을 일방적으로 많이 쓰면 그 나라는 빚을 지게 된다. 빚을 받아내기 위해 외국은 그 나라에 군대와 관리들을 보낸다. 그리고 빚 대신 그 나라의 여러 가지 상품을 값싸게 빼앗아 가고 결국 나라는 항구를 연 의미도 없이 열기 전보다 더 큰 어려움을 겪게 된다. 그렇다고 항구를 열지 않으면 국제적으로 고립되어 국가 경제가 발전할 수가 없고, 문을 닫고 폐쇄 정책을 펴려 해도 열강이 이를 허락하지 않으니 이 또한 쉬운 문제는 아니었다. 우리나라도 마찬가지로 이러지도 저러지도 못하는 곤란한 상황에 부딪쳐 있었다.

어쨌든 문호 개방의 시기와 맞물려 당시 서양을 배우자는 생각을 가진 사람들이 점차 늘어났다. 그런데 이들은 서양 것을 어디까지 배울 것인가 하는 문제에 부딪쳤다. 확실히 서양에서 배울 점이 많았던 것은 사실이었다. 여러 가지 민주적인 일의 절차나 과학적인 태도, 남자와 여자를 평등하게 보는 것, 부모의 생각보다 자기가 좋아하는 사람과 결혼하는 것 등은 배울 만했다.

문제는 우리 것은 모두 쓸모없고 서양 것은 모두 좋다고 여기는 데 있었다. 유길준도 바로 이러한 점을 걱정했다. 그는 개화란 우리의 장점을 잘 보존하고 남의 장점을 받아들이는 것이므로 우리나라의 훌륭한 문화유산인 고려자기, 거북선, 금속활자를 만든 정신은 살리자고 했다.

동도서기론자들은 바로 그 점에 주목한 사람들이었다. 동도란 유학의 인의예지신과 효제충신 등 우수한 정신문명을 가리키며, 서기란 서양의 앞선 물질문명과 과학 기술을 말한다. 즉 동도서기론이란 우리의 장점은 지키되 서양의 앞선 물질문명을 수용하자는 논리다. 그들은 적극적으로 서기를 수용해서 새로운 세계의 흐름에 대처하고 경제 부강을 이룩하고자 했다.

결국 개화의 대상은 정신이 아니고 기술과 과학이므로 서양에서 배울 것은 바로 기술이라는 것이다. 그러나 몸짓은 마음이 드러난 것이듯 서양의 과학 기술은 중세와 다른 근대적 사고와 발맞추어 발전했다는 점을 생각하면 그들의 시도는 과연 성공할 수 있었을까? 과연 유학의 윤리 의식을 지키면서 서양의 물질문명만을 수용하는 식의 '따로 또 같이' 가 가능할까?

과거 우리 조상들은 식사를 할 때 음식을 차려 먹는 밥상을 사용했는데 집안의 어른이나 가장은 별도의 밥상을 받았다. 그래서 집집마다 가장 어른이신 할아버지가 잡수시는 밥상이 필요하고, 다음에 아버지가 잡수시는 밥상이 필요하고, 나머지 식구들은 큰 밥상에 여러 밥그릇을 올려놓고 먹었다. 경우에 따라 여자들은 밥상에서 못 먹고 부엌에서 나중에 따로 먹기도 했다. 그런데 요즈음 각 가정에서 사용하고 있는 식탁을 살펴보자. 할아버지 식탁, 아버지 식탁 등으로 따로 나누어져 있는가? 보통은 가족 모두 같이 식사를 하게 마련이다. 이 식탁이란 물건은 서양에서 온 것이다. 여기에는 어른과 아이, 남자와 여자의 구별이 없이 누구나 같은 자리에서 평등하게 먹는다는 정신이 깔려 있다. 물건 따로, 정신 따로는 없다. 곧 물건에 정신이 따라다닌다는 것이다.

동도서기란 말은 원래 개화파들이 자기들을 반대하는 수구파 사람들을 염두에 두고 한 말이다. 그들이 서양에서 배우고자 하는 것은 기술뿐이며 절대로 우리의 풍속을 해치는 것이 아니라고 변명하기 위해서 사용한 말일 수도 있다. 서양의 물질문명을 수용하자는 논리는 우리가 가지고 있는 정신문화에 대한 자긍심의 표현일 수도 있고, 서양 문화 전체를 제대로 이해하지 못한 탓일 수도 있다. 오늘날이나 옛날이나 변함없는 것은 자기만 잘난 체하고 남의 것을 받아들이지 못하면 뒤떨어진다는 사실이다. 자기의 장점을 보존하고 남의 장점을 받아들이는 것이 참된 개화가 아닐까?

나라가 망하는 치욕 앞에 서다

바람 앞에 선 등불 같은 조선

숨 가쁘게 진행되던 조선의 근대 역사는 점점 망국으로 향해가고 있었다. 1905년 러일 전쟁에서 승리한 일본은 이제 조선을 먹기 위한 준비 작업을 마친 셈이었다. 우리나라를 탐내던 청나라와 러시아 세력을 몰아냈기 때문이었다. 이제 일본은 조선을 자신들의 입에 넣기 위한 작업을 본격화한다. 이렇게 위태로운 국가의 운명 앞에서 온 국민은 나라를 살리기 위한 마지막 심혈을 기울였다. 의병 운동이 매우 활발하게 진행되는 한편 신문사, 학교 및 각종 단체를 세우고 백성을 가르쳐 나라를 살리자는 애국계몽 운동이 일어났다.

개화사상이 근대 국가를 건설하기 위한 정책과 방법에 관한 탐색이었다면, 애국계몽 운동은 일제의 침략에 대응해서 꺼져가는 국가의 권리를 회복하기 위한 '강한 나라 만들기' 프로젝트였다. 그래서 자강운동自强運動이

애국계몽 운동을 이끈 대한 자강회
1906년에 윤치호, 장지연 등이 조직한 민중 계몽 단체로 교육과 계몽을
통해 민족적 주체 의식을 고취시키고 자주독립의 기반을 마련하고자 했
다. 1907년에 정부에 의해 해산되었으며, 뒤에 대한 협회로 바뀌었다.
사진은 대한 자강회 월보 표지.

라고도 부른다. 국권 상실이라는 위기감에서 출발한 애국계몽 운동은 경제 개발과 교육을 통해 문제를 해결하고자 했다. 대한 자강회·대한 협회를 비롯한 수많은 단체들이 만들어져 애국사상과 민권 의식을 높여 국권을 회복하고자 했다.

애국계몽 운동은 문화적 측면과 무력적 측면 양 편으로 진행되었다. 문화적 측면에서는 국권을 회복하기 위해 가장 시급한 것이 교육과 식산흥업이라는 판단 아래 학교를 세우고 언론 활동을 펼치는 등 민중을 계몽하면서 산업 활동을 병행했다. 한편 무력적 측면에서는 의병들이 일체 침략에 적극 대응해 직접적 무력 항쟁을 실천했다. 즉, 내적으로는 문화적 역량을 기르고 외적으로는 의병 활동을 통해 민족적 생존을 위해 노력한 것이다.

그러나 일본 제국주의의 침략이 노골화되면서 민족 자본을 형성하는 일 자체가 거의 불가능했고 교육과 언론 활동, 주체적 역사 운동에 대한 일제의 탄압이 가속화되었기 때문에 애국계몽 운동이 실효를 거두는 것은 매우 어려운 상황이었다. 그러나 애국계몽 운동은 민족의식과 애국심을 고취해서 독립 투쟁의 정신적 밑거름이 되었을 뿐만 아니라 훗날 국외에 독립군 광복군 설립의 밑바탕이 되어 무장 투쟁으로 가는 길을 열었다.

1900년대에는 사회 진화론이 상당히 많은 영향을 미치

애국계몽 운동 당시의 학당 구한말 애국계몽 운동은 문화적 측면과 무력적 측면 양 편으로 진행되었는데, 문화적 측면의 운동은 학교를 세우고 교육을 시켜 민중을 계몽하는 것이었다.

고 있었다. 사회 진화론은 다윈의 진화설을 사회에 적용시킨 것으로 강한 자가 약한 자를 지배하는 것은 당연하며 결국 강한 자만이 살아남는다는 생각이다. 즉, 살아남기 위해서 인간은 경쟁에서 이겨야 하며 이런 경쟁 과정 속에서 인류 역사가 발전한다고 보았다. 그런 논리대로라면 우리는 어서 국권을 회복해 강자가 되어야 한다는 주장도 가능하지만, 서양과 일본은 우리보다 강하므로 그들의 지배를 받는 것이 당연하다는 논리도 될 수 있다.

사회 진화론은 국권을 상실한 민족적 위기 상황에서 '적자가 되기 위해 무엇을 해야 하는가?'에 대한 해답을 제시했다. 우리는 강자가 되기 위해 경제 개발과 교육을 통한 근대적 국민 양성에 서둘렀다. 그래서 서양의 장점을 적극적으로 수용함은 물론 신식 교육을 통해 근대 사회를 이끌어갈 사람들을 길러내고자 했으며 무엇보다 한국 민족의 역사와 문화에 대한 자긍심을 길러 애국심과 민족의 독립정신을 높이고자 했다. 곧 애국계몽 운동은 새로운 지식을 가진 지식인들이 일본과 강대국들의 침략을 폭로하고 나라를 살리고 부강하게 만드는 방법을 찾으려는 운동이었다.

이제 개화 운동기와는 달리 서양 문명은 우리가 배워야 하는 모델이 된 것이다 . 서양의 물질문명만 수용하자는 논리는 이미 소용이 없었다. 많은 사람들이 서양의 신학문을 배워야 한다고 주장했다. 서양의 문화를 전반적으로 수용하기 위해서는 "그렇다면 우리에게 성리학은 무엇인가?"에 대한 답을 내려야 했다. 조선이 성리학에 기초한 사회였다면 근대 사회는 성리학과는 너무나 다른 서양 문화의 영향을 부정할 수 없는 상황이었기 때문이다.

독립군의 항일 무력 투쟁 구한말 애국계몽 운동은 무력적인 측면에서는 의병을 일으켜 일제 침략에 적극적으로 대응하는 것으로 나타났다. 즉, 내적으로는 문화적 역량을 기르고 외적으로는 의병 활동을 통해 민족적 생존을 위해 노력했다. 이렇게 애국계몽 운동은 민족의식과 애국심을 고취해서 독립 투쟁의 정신적 밑거름이 되었을 뿐만 아니라 훗날 국외에 독립군 광복군 기치를 마련해 무장 투쟁으로 발전했다. 김학수, 〈김좌진〉.

한국적 근대를 꿈꾸다

성리학을 비롯한 유학은 근대에는 어떻게 이해되어야 하는가? 서양 문화는 어떻게 이해해야 하는가? 한국을 이끌어 갈 새로운 주체는 누구여야 하는가? 약자인 한국은 강자인 일본의 지배를 받는 것이 정당한가? 우리가 독립해 근대 국가를 건설한다면 그것은 독일의 히틀러나 일본의 군국주의 세력처럼 다른 민족과 국가를 괴롭히더라도 강력한 국가면 되는가?

이런 물음들은 마주 선 도미노처럼 연결되어 있었다. 이런 복잡한 문제들을 헤쳐 나가면서 독립 운동에 앞장섰던 인물이 박은식과 신채호 등이었다. 박은식은 젊어서 전통적인 유교 교육을 받은 인물이었다. 그런데 40세에 이르러 독립 협회 운동에 참여하면서 성리학에 대한 회의를 느끼고

독립 협회 1896년에 우리나라의 자주독립과 내정 개혁을 위해 조직한 정치·사회 단체로 《독립신문》을 발간하고 독립문을 건립했으며, 1898년에 만민 공동회를 개최했다. 사진은 독립 협회 집회 장면.

장지연張志淵 등과 함께《황성신문皇城新聞》을 창간하
면서 본격적으로 근대 지식인 대열에 합류했다. 그
는 점점 옛 방식을 고집하는 것은 시대에 맞지 않다
는 점을 확신했다. 시대를 이끌어 가지 못하는 시대
정신은 죽은 사상이라고 보고, 무엇보다 민족 주체
성인 자가정신自家精神을 근간으로 서양 문화의 장
점을 적극 받아들이는 한편 유학도 근대 사회에 맞
게 변화해야 한다고 주장했다.

박은식 《황성신문》을 창간하고 독립 협회에
가입하는 등 활발한 항일 운동을 벌였으며,
유학을 근대 사회에 맞게 변화시키고 서양
문화의 장점을 받아들일 것을 주장했다.

　박은식은 유학이 새로운 사회 변화에 적극적으로
대처하지는 못했지만, 그렇다고 유학을 버릴 필요
는 없다고 생각했다. 다만 조선 후기 성리학자들처
럼 다른 생각을 받아들일 자세가 부족하거나 중국 중심의 사고에서 벗어
나지 못한다면 곤란하다고 생각했다. 특히 그는《유교구신론儒教求新論》을
지어 성리학의 문제점을 비판하고 유교가 평등 사회를 지향하는 이념으로
새롭게 태어나야 한다고 주장했다. 곧 서양에서 마르틴 루터가 종교를 개
혁한 것처럼 우리도 유교를 개혁하면 서양처럼 될 수 있다고 했다.

　박은식은 성리학보다는 양명학을 수용해 새로운 한국적 근대를 만들려
고 했다. 양명학에서 가장 중요한 것이 양지良知다. 양지는 무엇이 올바른
일인지 무엇을 해야 하는지 현명하게 판단하고 실천할 수 있는 능력을 말
한다. 양지가 내 마음의 주인이 된 사람을 진아眞我라고 한다. 진아는 급변
하는 한국의 역사 상황 속에서 혼자만 잘 먹고 잘살기 위해 일제에 아부하
는 반민족적인 일을 하지 않는다. 진아는 국권 회복과 민족 독립을 위해
자신을 기꺼이 희생할 수 있는 의지와 실천력을 가졌다. 박은식은 진아가
주체가 되는 근대 국가를 건설하고자 했다.

신채호 독립 운동과 국사 연구에 힘쓴 학자. 제국주의 침략에 맞선 '고유한 조선'의 새로운 주체로 민중을 설정하고 조선 민중이 '신국민'으로 다시 태어나야 한다고 주장했다.

신채호 또한 유학 자체를 부정하지는 않았다. 다만 유학이 전근대적인 사유에서 벗어나 근대 사회에 맞게 탈바꿈해야 한다고 보았다. 그는 일본의 제국주의 침략에 대해 날카롭게 비판했을 뿐만 아니라 '고유한 조선'의 근대적 주체를 재정립하고자 했다. 신채호는 한국이 주체적으로 근대 국가를 건설하지 못하고 있는 근본적인 원인을 '신국민'이 되지 못했기 때문이라고 분석하면서 이제 한국 사람은 조선 왕조 체제의 백성이 아니라 20세기 신국민으로 거듭나야 한다고 주장했다.

1910년 경술국치 이후 이들은 경쟁을 통한 강자들 세상이 인류 전체를 행복하게 할 수 없다는 문제점을 절실하게 느끼고 다시금 경쟁 원리에 대한 반성을 통해 제국주의와 닮힌 국가주의의 문제점을 통렬히 비판했다. 박은식은 양지의 실현이 개인적 차원에서뿐만 아니라 국가적 차원 그리고 세계적 차원에서 실현되는 대동 평화주의를 제창했다. 그는 진아가 국가의 주체가 되는 한국의 독립은 곧 세계 평화를 실현하는 단위가 된다고 파악했다.

신채호는 모든 형태의 억압과 강제를 거부하는 아나키즘을 수용했다. 그는 경쟁만이 아니라 서로 돕고 더불어 잘살려고 할 때야 비로소 인류가 발전할 수 있다고 선언하고, 일본 강권주의를 강하게 배격하고 민중이 주체가 되는 새로운 사회를 꿈꾸었다. 이는 일본만 잘살기 위해 무기를 앞세워 다른 나라를 침략할 뿐만 아니라, 아시아 대륙은 물론 가능하다면 세계 전체를 삼키려 했던 대일본주의에 대한 비판이었다. 동시에 일본에 저항하는 한국 독립 운동이 정당하다는 것을 알리는 것이기도 했다. 박은식과 신채호는 일본처럼 자기들만 잘 먹고 잘살려는 닫힌 민족주의에 빠지지 않고 오히려 한국의 독립을 인류의 평화와 행복을 실현하는 출발점으로 삼았다.

근대 역사가 우리에게 남긴 이야기

우리는 현재에 살고 있다. 그런데 이미 지나가 버린 과거를 공부하는 이유가 무엇일까? 과거를 공부하는 이유를 한마디로 말하면 현재와 미래를 위해서다. 과거를 거울삼아 과거와 똑같은 잘못을 현재와 미래에 되풀이하지 말자는 것이다.

어째서 그러한가? 예를 들어 과거의 전쟁은 말을 탄 채 칼과 창으로 하고, 오늘날은 미사일과 컴퓨터로 하는 것이 분명히 다르다. 하지만 사람을 죽이고 적군을 이겨서 자기 이익을 챙기고자 하는 목적은 언제나 같다. 또 옛날이나 지금이나 남의 것을 받아들이지 않고 스스로 만족하는 사람은 발전이 없다. 고인 물이 썩는 것과 같은 이치다. 그렇다면 역사 공부란 변화하는 속에서 변하지 않는 법칙을 발견하고 그것을 현명하게 현실에 적용하는 지혜를 갖는 일일 것이다. 그래서 지금까지 읽은 내용을 간단히 정리하면 다음과 같다. 이것은 역사의 법칙이라 해도 좋다.

첫째, 자기 것만 좋다고 고집하면 뒤떨어진다.

둘째, 외국 것이 좋다고 무조건 따라 하면 자기를 잃는다.

셋째, 전통문화의 장점을 이어야 살아남는다.

넷째, 외국의 좋은 문화를 배워야 잘산다.

다섯째, 스스로 할 수 있는 힘을 길러야 남의 노예가 안 된다.

여섯째, 전통문화는 잇고 발전시켜야 빛이 난다.

일곱째, 내부 분열이 일어나면 결국 다 망한다.

맨 처음 어느 집안 이야기를 했던 것을 기억할 것이다. 이 이야기에서 옳은 주장을 한 사람은 누굴까? 정답은 없다. 질문 자체가 단순하다. 왜냐하면 이 질문에는 상황, 즉 일이 일어났던 배경을 빠뜨렸기 때문이다.

할아버지의 입장은 오늘날의 관점에서 보면 이해하기 어려울지 모른다. 그러나 만약 그 집이 문화재로서 가치가 있거나 그 집을 보존해야 할 특별한 이유가 있으면 설득력이 있겠다. 만약 조선 시대라면 할아버지의 생각이 절대적으로 받아들여질 수밖에 없었을 것이다. 아버지의 생각은 개화기 때 주장했으면 굉장히 환영을 받았을 것이다. 바로 동도서기의 입장과 비슷하기 때문이다. 겉으로는 우리의 전통을 지키고 안으로는 서양의 장점을 살리려고 했으니 말이다. 그리고 현재에도 이와 같이 절충하려는 사람들이 있다는 것을 잊어서는 안 된다. 어머니의 생각은 전적으로 요즘 사람들의 생각을 대변하는 것 같다. 불편한 것을 조금도 참지 못하는 것과 시대의 유행을 따르는 것 말이다. 그리고 여기에는 이치에 맞는 합리적인 정신도 들어 있다. 전통을 이 시대에 살리려는 것보다는 편리함과 발전에 더 매력을 느끼는 듯하다.

이렇게 시대의 변화에 따라 판단하는 기준이 달라진다. 개화파는 친일파이므로 무조건 나쁜 사람들이고, 무슨 파는 무조건 좋다는 식으로 판단해서는 안 된다. 문제는 사건이 일어난 시대가 어떤 것이었나를 정확히 아는 일이다. 이 때문에 과거를 아는 것이 더욱 중요하다.

과거 없는 현재가 없고 현재 없는 미래가 없다. 우리가 일제 시대를 경험하고 한국 전쟁을 겪은 것은 바로 잘못된 과거 때문이다. 또 그 이후의 혼란도 바로 과거의 잘못을 되풀이했기 때문에 생긴 것이다. 과거가 싫다고 못 본 척할 수는 없다. 내가 싫어도 그림자처럼 따라다니는 것이 과거다. 과거의 역사는 버리려야 버릴 수 없는 것이다. 그래서 과거를 바로 알고 그 잘못을 되풀이하지 않겠다는 진정한 반성과 다짐이 필요하다.

한국 철학 여행을 마치며

여기까지 온 여러분들을 환영한다. 이 글을 보는 여러분들은 기나긴 한국 철학 여행을 무사히 마친 행운아들이므로 우리 철학 사상을 제대로 보았다는 자부심을 가져도 좋을 것이다. 여러분들이 본 것을 시간적으로 따지면 반만년에 걸친 우리 민족의 삶을 지탱해 온 사유 체계며, 내용으로 따진다면 단군 신화·무속·고신도, 그리고 유교·불교·도교다.

가능한 충분히 쉽게 풀어쓰려고 애는 썼지만 곳곳에서 이해하기 쉽지 않은 개념들을 만나서 고생을 하기도 했을 것이다. 하지만 그런 난관들을 넘어서는 것이 새로운 시야를 얻는 과정이리라. 혹시 읽어가는 가운데 의문을 가졌다면 더욱 좋다. 전통사상이 오늘 우리에게 어떤 의미가 있는지, 우리에게는 어떤 모습으로 남아 있는지, 오늘날 한국 철학이라고 할 수 있는 것들은 무엇인지, 이런 의문들은 작든 크든 우리 자신을 생각하게 만들고 더 멀리는 새로운 해답을 찾기 위한 노력으로 이어질 것이기 때문이다.

우리는 철학이란 용어 앞에 지역 이름을 붙여 크게는 서양 철학과 동양 철학으로 나누고 작게는 독일 철학, 영미 철학, 프랑스 철학, 중국 철학, 인도 철학, 한국 철학을 말한다. 하지만 철학이란 말 앞에 나라 이름을 붙여 쓸 수 있는 경우가 많지는 않다. 일본은 일본 철학이란 말을 쓰지 않으며 일본사상이란 말을 쓸 뿐이다. 철학이 좀 더 논리적인 체계를 갖춘 사유라면 사상은 훨씬 포괄적인 개념이다. 문학사상이니, 사회사상이니 하는 것들이 그러하다. 그런 점에서 본다면 우리는 한국 철학이라는 이름을 쓸 정도로 매우 발달된 사유 체계를 가진 민족이다.

민족의 고유한 사유 체계는 그 민족의 문학과 예술을 통해 드러나며 가장 현실적인 부분에서는 정치, 경제, 사회 등에 나타난다. 무속적인 삶이 음주가무를 즐기는 민족성으로 드러난다면, 한국 불교의 특징인 합침의 불교적 특성은 불교 미술품들에 잘 드러나 있다. 또한 옳고 그름을 분명하게 가리는 유교적 특징이 비판적인 선비 정신으로 이어졌다면, 또 다른 유교적 특성이 높은 교육열이나 가족과 사회를 위해 자신을 희생하는 헌신성으로 드러난다.

하지만 우리가 살핀 전통 철학 이외에 오늘 우리 사회에는 영미 철학, 프랑스 철학, 독일 철학 등 다양한 서양 철학들이 들어와 있다. 서양 철학이 우리 사회에 들어온 것을 따지면 100년 정도에 이른다. 유교나 불교보다 한국에서의 역사는 짧지만 서양 철학들도 한국 현실을 살피고 이해하는 좋은 도구가 될 수 있으며, 우리들의 노력에 따라 오늘날 문제들을 넘어설 수 있는 답을 줄 수도 있을 것이다.

철학은 세상을 보는 눈을 준다. 세계관, 역사관, 자연관 등은 모두 세계를 보는 눈, 역사를 보는 눈, 자연을 보는 눈을 뜻한다. 눈을 가진 사람은 자신의 시각으로 사물을 보게 된다. 그런 점에서 볼 때 한국 철학은 우리 민족의 눈인 셈이다. 이 책을 보는 과정이 그런 눈을 만드는 계기가 되었기를 바란다.

이제 우리 철학의 길을 만들고 지켜 갈 사람들은 바로 여러분들이다. 여러분들이 한국 철학을 이해하고 그 사유 체계를 통해 여러분들의 삶을 풍요롭게 만들어 갈 때, 한국 철학은 생명력을 얻을 것이다. 그리고 여러분들의 눈 또한 더욱 분명한 정체성을 지닌 눈이 될 수 있을 것이다.

| 사진 자료 제공에 도움을 주신 분들과 단체 |

■고증 역사풍속화가 혜촌 김학수 선생님
■전 덕은불교대학 교수 청남 권영한 선생님
■사진작가 권태균 선생님

■경기문화재단 http:// www.ggcf.or.kr
■국립중앙도서관 http://www.nl.go.kr/
■국립중앙박물관 http://www.museum.go.kr/kor/
■문화관광부 http://www.mct.go.kr
■서문당 http://www.seomoondang.com
■서울대학교 규장각 한국학 연구원 http://kyujanggak.snu.ac.kr
■서울역사박물관 http://www.museum.seoul.kr/
■전쟁기념관 http://www.warmemo.co.kr/
■전주한옥마을 http://hanok.jeonju.go.kr/
■한국학중앙연구원 http://www.aks.ac.kr

자료 제공에 도움을 주신 분들께 진심어린 감사의 말씀을 드립니다.

*《한국 철학 스케치》는 관련 사진의 출처 및 저작권자를 찾기 위해 끝까지 최선을 다했으나, 찾지 못한
몇 개의 사진을 실었습니다. 허락을 받지 못한 점 깊이 사과드리며, 이 부분에 대해서는 출처 및 저작권
이 확인되는 대로 본 도서에 꼭 명기하도록 하겠습니다.

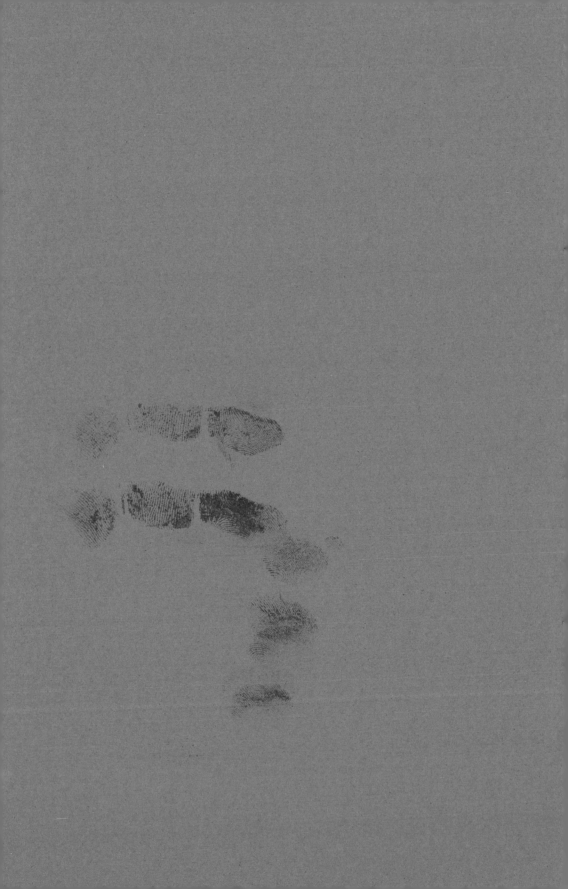